W0083803

Rainer Martus/Walter Selzer
Entlohnung und Motivation im Außendienst

Rainer Martus/Walter Selzer

Entlohnung und Motivation im Außendienst

verlag
moderne industrie

Die Deutsche Bibliothek – CIP-Einheitsaufnahme

Martus, Rainer:
Entlohnung und Motivation im Außendienst / Rainer Martus / Walter Selzer. –
Landsberg/Lech : Verl. Moderne Industrie, 1995
  ISBN 3-478-23750-5
NE: Selzer, Walter:

© 1995 verlag moderne industrie, 86895 Landsberg/Lech
Alle Rechte, insbesondere das Recht der Vervielfältigung und Verbreitung sowie der Über-
setzung, vorbehalten. Kein Teil des Werkes darf in irgendeiner Form (durch Fotokopie, Mi-
krofilm oder ein anderes Verfahren) ohne schriftliche Genehmigung des Verlages reprodu-
ziert oder unter Verwendung elektronischer Systeme gespeichert, verarbeitet, vervielfältigt
oder verbreitet werden.
Umschlaggestaltung: Liebe & Partner, 86899 Landsberg
Satz: abc satz bild grafik, 86807 Buchloe
Druck u. Bindearbeiten: Pustet, 93051 Regensburg
Printed in Germany 230 750/06953
ISBN 3-478-23750-5

Danksagung

Für die meist sehr offenen Gespräche und die vielen Informationen, die es uns ermöglicht haben, den Inhalt dieses Buches aktuell und anschaulich zu gestalten, möchten wir uns bei folgenden Firmen und Personen besonders bedanken:

Boehringer Mannheim GmbH
Bayer AG, Leverkusen
Bayer Diagnostic GmbH, München
Hirschmann Glasgerätebau, Eberstadt
Idexx, Wörrstadt
Günther A. Schillinger, Unternehmensberatung, Hemsbach
Dr. Jürgen Schwiezer, Geschäftsführer Vertrieb, Böhringer Mannheim
Hans Gall, Verkaufsleiter Fa. Idexx
Günther Hoffmann

und vielen anderen, die ihrem Wunsch entsprechend hier nicht genannt werden.

Für die Unterstützung beim Schreiben, Korrekturlesen und Recherchieren möchten wir uns bei

Ute Volkmann
Dominique Selzer
Ulrich Löffler und
Patricia Bitzer

bedanken.

Inhaltsverzeichnis

Teil II Entlohnungssysteme im Außendienst

9

Einleitung

Allgemeine Zielsetzung

Eine ganz grundlegende Eigenheit ist sicher allen Menschen gemeinsam:

Wenn wir mehr leisten als andere, so erwarten wir dafür auch mehr Lohn, Anerkennung, Lob. Wenn wir diese Anerkennung nicht bekommen, dann sind wir auf Dauer auch kaum bereit, dieses Mehr an Leistung zu erbringen. Wir werden versuchen, die Situation zu ändern, indem wir uns neue Aufgabengebiete, ein neues Umfeld, eine neue Firma oder ein sonstiges neues Betätigungsfeld suchen, wo unsere Leistung anerkannt und auch entsprechend honoriert wird.

Daß dies so ist, zeigt unter anderem auch die wirtschaftliche Kapitulation der sozialistisch orientierten Planwirtschaft.

Die Vielfalt der Hauptbedürfnisse des Menschen ist ebensogroß wie die sich daraus ableitenden Motivationsmöglichkeiten.

Überwiegt z.B. bei dem einen Menschen das Sicherheitsbestreben, so ist es bei dem anderen vielleicht eher das Streben nach Ruhm, nach Macht, nach Ansehen, das ihn anspornt, motiviert. Der Dritte wieder braucht Anerkennung, sein Publikum. Ein Vierter begnügt sich bereits mit Lob und einigen „Streicheleinheiten" usw. All dies werden wir im ersten Teil unseres Buches ausführlich beschreiben.

Eines ist sicher richtig: Derjenige, der z.B. nach Macht und Ansehen strebt, ist wohl kaum durch einen wenn auch noch so angenehmen und beschaulichen Job fernab jeglicher Zivilisation zu begeistern. Und derjenige, der das Gespräch und den Kontakt mit Menschen sucht, ist an einem ruhigen Posten in der Verwaltung ebensowenig interessiert. Auch wird jemand, dem seine persönliche Sicherheit über alles geht, kein besonderes Risiko eingehen, selbst wenn dafür ein hoher Preis winkt.

In diesem Buch wollen wir uns nun auf eine **besondere Spezies Mensch,** den

**Homo sapiens aussendienensis
(= MITARBEITER IM AUSSENDIENST)**

konzentrieren.

Nennen wir ihn „Adi" ...

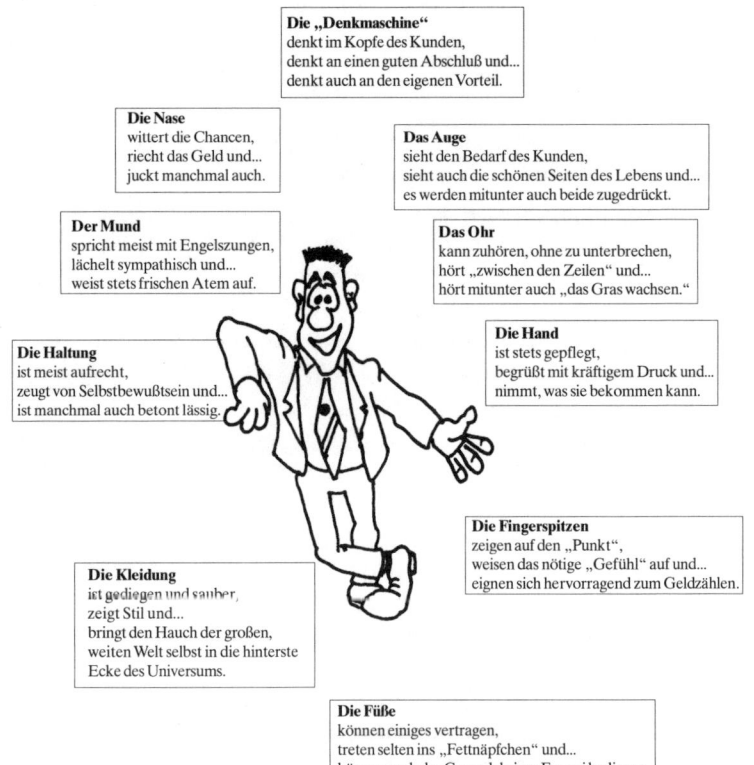

Seine Eigenheiten • Seine Vorlieben • Seine Besonderheiten

Die „Denkmaschine"
denkt im Kopfe des Kunden,
denkt an einen guten Abschluß und...
denkt auch an den eigenen Vorteil.

Die Nase
wittert die Chancen,
riecht das Geld und...
juckt manchmal auch.

Das Auge
sieht den Bedarf des Kunden,
sieht auch die schönen Seiten des Lebens und...
es werden mitunter auch beide zugedrückt.

Der Mund
spricht meist mit Engelszungen,
lächelt sympathisch und...
weist stets frischen Atem auf.

Das Ohr
kann zuhören, ohne zu unterbrechen,
hört „zwischen den Zeilen" und...
hört mitunter auch „das Gras wachsen."

Die Haltung
ist meist aufrecht,
zeugt von Selbstbewußtsein und...
ist manchmal auch betont lässig.

Die Hand
ist stets gepflegt,
begrüßt mit kräftigem Druck und...
nimmt, was sie bekommen kann.

Die Fingerspitzen
zeigen auf den „Punkt",
weisen das nötige „Gefühl" auf und...
eignen sich hervorragend zum Geldzählen.

Die Kleidung
ist gediegen und sauber,
zeigt Stil und...
bringt den Hauch der großen,
weiten Welt selbst in die hinterste
Ecke des Universums.

Die Füße
können einiges vertragen,
treten selten ins „Fettnäpfchen" und...
können auch das Gaspedal eines Ferrari bedienen.

14

Wir durchleuchten zunächst die Eigenheiten des „homo sapiens aussendienensis". Daraus leiten wir anhand von Praxisbeispielen Anregungen für Modelle ab, die die menschlichen Belange Ihrer Mitarbeiter berücksichtigen und sich dennoch (oder deshalb) für die Durchsetzung der Unternehmensziele eignen.

Dabei möchten wir Sie möglichst wenig mit Statistiken und Formeln langweilen, die im praktischen Leben ohnehin nur schwer umzusetzen sind (sofern man sie überhaupt begreift), sondern unsere Erfahrungen, die wir im direkten Kontakt mit Mitarbeitern im Außen- und Innendienst, mit Führungskräften und solchen, die es werden wollen (und auch solchen, die es nicht werden wollen) gesammelt haben, an Sie weitergeben nach dem Motto:

„Was ich verstehe, kann ich auch begreifen."

Wir werden versuchen, Sie zunächst schrittweise an die Gedankenwelt des Verkäufers im Außendienst heranzuführen, um aus diesem Verständnis heraus eine optimale Motivation und ein bestmögliches Entlohnungssystem für Ihre ganz speziellen Belange mit Ihnen gemeinsam abzuleiten.

Halten wir uns doch einfach an den für jeden erfolgreichen Verkäufer wohl wichtigsten Grundsatz:

„Im Kopf des Kunden denken!"

Auch Sie wollen letztendlich etwas „verkaufen":

Ihr neues Entlohnungssystem!

Und Ihre „Kunden" sind das sicherlich sensibelste, aber auch wichtigste Instrumentarium, über das Sie in Ihrem Hause verfügen, um Ihre Ziele vor Ort durchzusetzen: Ihr Außendienst!

Je besser dieser Außendienst motiviert ist, desto eher wird er bereit und auch in der Lage sein, Ihre Interessen zu vertreten, um damit zum Erfolg Ihres Unternehmens entscheidend beizutragen.

Machen Sie Ihre Interessen zu den Interessen Ihres Außendienstes und Ihren Erfolg zu seinem (und umgekehrt!). Das ist das ganze Geheimnis.

Wie aber macht man dies?

Einige Gedanken über „Adi"

Um das notwendige Grundverständnis für „Adi" zu wecken, müssen wir uns zunächst folgende Fragen beantworten:

(Bitte tragen Sie ruhig bereits jetzt Ihre momentane Meinung hier ein. Vielleicht werden Sie diese da oder dort ein wenig ändern, wenn Sie das Buch zu Ende gelesen haben. Wenn nicht, um so besser!)

• Unterscheidet sich „Adi" grundsätzlich von anderen Mitarbeitern bzw. Menschen hinsichtlich seiner Grundmotive und damit in seiner Motivierbarkeit?

JA ☐   NEIN ☐   VIELLEICHT ☐

• Wenn ja, worin unterscheidet er sich, und wie ist er am ehesten zu motivieren?

_____

_____

_____

_____

• Welches sind die Beweggründe dafür, daß jemand eine Tätigkeit als Verkäufer im Außendienst einer Innendiensttätigkeit vorzieht?

• Welches sind die Hauptaufgaben des Verkaufsaußendienstes?

Zunächst: Es gibt natürlich verschiedene Arten von Außendiensttätigkeit!

Es gibt den rein beratenden Außendienst, den Service- bzw. Reparaturaußendienst, den „knallharten" Direktverkäufer, den Investitionsgüter- und den Verbrauchsgüterverkäufer. Es gibt den Großkundenbetreuer, den Handelsbetreuer, den Behördenakquisiteur. Der eine geht von Haus zu Haus, von Wohnung zu Wohnung, um seine Ware an den Mann bzw. an die Frau zu bringen, der andere veranstaltet sogenannte Verkaufsparties, der dritte steht an einem Verkaufsstand in einer zugigen Ecke vor einem Kaufhaus, um seine Haushaltsgeräte oder seinen Superkleber anzupreisen. Einer besucht bestimmte Berufsgruppen, der andere bestimmte Industriezweige. Der eine verhandelt auf höchster Ebene, der andere muß den Verbraucher erst von der Qualität seiner Produkte überzeugen, ja sogar erst den Bedarf an einem neuen Produkt wecken usw.

Während der eine ein hohes Fixgehalt bezieht und einen komfortablen Firmenwagen fährt, handelt der andere auf eigene Rechnung und auf eigenes Risiko. Er ist also im Sinne des Wortes Unternehmer. Auf diese besondere Gruppe im Außendienst – den Handelsvertreter – werden wir noch gesondert eingehen.

17

Sie sehen, die Vielfalt in diesem Beruf ist schier unendlich ...

Allen aber ist eines gemeinsam:

Sie wollen die Ware, das Produkt, die Dienstleistung, die sie vertreten, auch **verkaufen.** Zum Nutzen der Firma, die sie damit beauftragt, und natürlich auch zum eigenen Nutzen.

Letztendlich verkauft ein guter Verkäufer immer auch sich selbst.

Das Bild, das sich sein Gesprächspartner **(= Ihr Kunde!)** von ihm macht, ist immer auch das Bild, das er sich über seinen Auftraggeber macht, also über Sie bzw. Ihr Unternehmen!

Das Image Ihres Unternehmens wird ganz entscheidend von Ihrem Außendienst geprägt!

Der Mitarbeiter im Außendienst ist vor Ort weitestgehend auf sich selbst gestellt, also weitgehend selbständig tätig! Dazu muß er natürlich auch psychisch in der Lage sein. Er ist also von seinem Naturell her eher selbständig, unternehmerisch denkend. Für seine Firma, aber eben auch für sich selbst.

Diese Eigenschaft sollen und müssen wir akzeptieren und bei unseren Überlegungen berücksichtigen.

Das Bestreben, möglichst viel für seine Firma zu leisten, soll und muß sich direkt oder indirekt auch für ihn lohnen. Ein guter Verkäufer verkauft eben auch sich selbst meistbietend! Er weiß, daß er im Außendienst recht bald an die Grenzen der Karriereleiter stößt und strebt in der Regel auch gar keine Karriere im Innendienst an. Dazu müßte er (aus seiner Sicht) viel zuviel aufgeben, was für ihn wichtig ist und ihn gleichzeitig charakterisiert:

Was ist für den typischen Außendienstmitarbeiter besonders wichtig?

Freiheit: Hier ist nicht etwa die „Freiheit" gemeint, nichts oder wenig zu tun, weil ja die Aufsicht fehlt, sondern einfach die Möglichkeit, seine Arbeit dann zu erledigen, wenn dafür die beste Zeit ist. Im Interesse der Sache! (Für viele Menschen, die einer geregelten Arbeitszeit nachgehen, ist es z.b. nur schwer vorstellbar, abends oder auch mal samstags oder sonntags zu arbeiten, zumal dies niemand direkt angeordnet hat.) Die Definition des Begriffes „Freiheit“, die auf die meisten Mitarbeiter im Außendienst ebenso zutrifft wie auf selbständige Unternehmer und die mir persönlich mit am besten gefällt, charakterisiert dies wohl am treffendsten:

„Freiheit ist die Möglichkeit, mehr zu tun, als man muß.“

Kundenkontakt: Der direkte Kontakt zu Menschen, die Möglichkeit, diese im Gespräch zu beeinflussen und von seinen Zielen zu überzeugen, neue Menschen kennenzulernen und alte Bindungen zu pflegen, dies alles ist einem „echten“ Mitarbeiter im Außendienst sehr wichtig. Muß es auch sein, denn sonst wäre er fehl am Platze.

Fahrzeug: Da der Außendienstmitarbeiter einen Großteil seiner Zeit im Auto verbringt (wir kommen darauf noch zu sprechen), hat er meist auch eine besondere, fast sinnliche Beziehung zu seinem Fahrzeug. Ein Auto ist für ihn nicht nur Fortbewegungsmittel, sondern Arbeitsplatz, Refugium, Büro und... **Statussymbol.**

Einkommen: Das Einkommen – oder zumindest ein Teil davon – ist im Außendienst meist direkt an die Leistung gekoppelt. Es kann demnach vom ADM auch direkt beeinflußt werden und ist in der Regel deutlich höher als bei einer vergleichbaren Innendiensttätigkeit. Nicht zuletzt auch durch die variablen, selbst steuerbaren Anteile.

Dies entspricht der unternehmerisch orientierten Gedankenstruktur des Außendienstmitarbeiters und muß bei der Motivation und bei jedem Entlohnungssystem für Außendienstmitarbeiter unbedingt beachtet und berücksichtigt werden.

Spesen:	Nicht zu vergessen ist auch die Spesenabrechnung! Die Möglichkeit, z.B. Gäste zu bewirten, Telefongebühren, Porto und Büromaterial abzurechnen u.v.a.m., ist nicht nur der geldwerte Vorteil, sondern auch **ein Stück „Freiheit", ein Stück „Einkommen"!**
Status:	Obwohl – oder gerade weil – bei uns der Status des Außendienstmitarbeiters meist immer noch etwas abwertend mit dem negativ beladenen Begriff „Vertreter" verbunden wird, sind ihm Statussymbole, die seinen Erfolg dokumentieren, besonders wichtig. Dies kann sowohl ein entsprechendes Fahrzeug als auch eine wohlklingende Bezeichnung auf seiner Visitenkarte o.ä. sein.

Wir sehen also, daß die Persönlichkeitsstruktur des „typischen" Mitarbeiters im Außendienst, des guten Verkäufers, **viel eher geprägt ist von unternehmerischem Denken und Handeln** als die des durchschnittlichen Arbeitnehmers oder die des „Durchschnittsmenschen".

Die logische Folge davon ist, daß er in besonders hohem Maße bereit ist, **Leistung** zu bringen, die Erfolg für ihn, aber auch für das Unternehmen bedeutet, in dem er beschäftigt ist.

Die erbrachte Leistung aber muß sich auch finanziell niederschlagen!

Bei unseren Gesprächen zur Vorbereitung dieses Buches hörten wir häufiger sinngemäß diesen Satz:

Ein guter Verkäufer ist am ehesten durch Geld motivierbar!

Dieser Satz ist eine zentrale Aussage, die wir in diesem Buch auch überprüfen werden.

Wenn es also stimmt, daß die Spezies „Außendienstmensch" eine besondere Spezies Mensch ist,

die sich hinsichtlich

- Gedankenstruktur,
- Leistungsbereitschaft,
- Wille zum Erfolg,
- Wunsch nach persönlicher Freiheit,
- Kommunikationsbereitschaft
- u.v.a.m.

von dem durchschnittlichen Arbeitnehmer unterscheidet,

leitet sich ganz automatisch die Notwendigkeit ab, ein entsprechendes Entlohnungssystem als Anreiz zu höherer Leistung im Außendienst zu entwickeln und zu installieren bzw. bestehende Systeme zu überdenken und ggf. zu optimieren.

Die Ziele des Unternehmens
Umsatz = Geld = Erfolg = Ansehen
sind deckungsgleich mit den
Zielen des Außendienstes
Umsatz = Geld = Erfolg = Ansehen.

Teil I
Motivation im Außendienst

1. Die Geschichte der Motivation

Die Motivationsforschung wurde im Jahr 1859 durch Darwins Veröffentlichung „Der Ursprung der Arten" ausgelöst, der nun endgültig mit der weitverbreiteten Meinung brach, daß der Mensch als vernunftbegabtes Wesen auch zwangsläufig vernünftig handele. Er führte in diesem Buch die gesamte Unterschiedlichkeit der Lebewesen und des Menschen auf eine Zufallsvariation und die natürliche Auslese im Kampf ums Überleben zurück. Daraus entwickelten sich in der Folge verschiedene sog. Problemstränge der Motivationsforschung. Wir möchten Ihnen im Folgenden einen Überblick über einige Motivationstheorien geben. Dabei haben wir uns bemüht, die recht wissenschaftliche Sprache der „Originale" soweit als möglich zu vereinfachen.

Erwartungs-Wert-Theorie nach V.H. Vroom (1964)

X-Y-Theorie nach D. McGregor (1959)

Harzburger Modell nach R. Höhn (1956)

Bedürfnishierarchie nach A. Maslow (1954)

Faktoren-System nach F. Herzberg (1950)

Kräftefeldtheorie nach K. Lewin (1942)

Verhaltenslehre nach B.F. Skinner (1935)

Immer wenn Sie diese Zeichen sehen, dann werden wir Ihnen ein Beispiel dafür geben, welche Auswirkungen die jeweilige Theorie in Ihrer Außendienstpraxis haben könnte. Es gibt sicherlich viele Beispiele, wir möchten uns jedoch jeweils auf eines beschränken.

1.1 Die Verhaltenslehre von Skinner

B. F. Skinner entwickelte im Jahre 1935 ein System, das das Verhalten des Menschen grundsätzlich in zwei Teile spaltet. Er sieht im Verhalten des Menschen und dessen Haltung zur Arbeit den wichtigsten Schlüssel zur Leistungssteigerung. Den einen Teil nennt er **Wirkreaktion**, denn es bezeichnet das Verhalten, das auf die umgebende Situation einwirkt. Hierbei treten auch häufig die sog. „Bekräftiger" auf, die die Auftretenshäufigkeit der Wirkreaktionen erhöhen und somit auch die Reaktion heftiger ausfallen lassen. Die zweite Verhaltensart nennt Skinner **Antwortreaktion**. Diese beschreibt, daß schon bereitliegende Reaktionen durch einen bestimmten Reiz ausgelöst werden. Das Erlernen neuer auslösender Reize geschieht wie bei Pawlow durch Konditionierung. So lehrte Skinner beispielsweise eine Taube das Herunterdrücken der Taste eines Morsegerätes durch Picken. Für jedes Picken erhielt die Taube eine Belohnung in Form von Futter.

Bezieht man dies jetzt auf den Arbeitsalltag, so bedeutet es nach Skinner, daß jeder Mitarbeiter für gute Arbeit auch belohnt werden sollte. Es gilt also aus der Sicht der Unternehmen das gewünschte Verhalten und die dazugehörigen Reaktionen zur Erreichung bestimmter Ziele zu verstärken. Die Belohnungen drücken sich hierbei zumeist in materiellen Werten aus.

Es lassen sich aus diesem Bereich viele Beispiele anführen, in denen Unternehmen Erfolge mit dieser Methode verzeichnen konnten. Offen bleibt jedoch nach wie vor die Frage, inwieweit das menschliche Verhalten mit dem der Tiere gleichzusetzen ist. D.h., läßt sich ein Mensch auf ähnliche Weise „abrichten" wie ein Tier? Läßt sich die Leistung eines Menschen durch Konditionierung immer weiter steigern? Auch die Aussicht auf Belohnung oder Strafe verliert nach unserer Ansicht irgendwann einmal ihre Wirkung, da andere Werte in den Vordergrund rücken.

Wenn Ihre Mitarbeiter gute Verkaufszahlen liefern und dafür belohnt werden, dann wird der Wunsch nach Belohnung dazu führen, daß sie immer wieder gute Leistungen bringen. Auf diesem Prinzip beruhen letztlich alle Entlohnungssysteme. Skinners Theorie könnte man somit als die Grundlage aller „Belohnungs- und Bestrafungssysteme" bezeichnen.

Das Führungsproblem vieler Führungskräfte besteht jedoch darin, daß sie den Entlohnungssystemen die ganze Belohnung überlassen. Das funktioniert dann, wenn Geld der Hauptantrieb des jeweiligen Außendienstmitarbeiters ist. Wir werden jedoch bei Herzberg und Maslow noch sehen, daß ein Lob in nichtmaterieller Form mehr Wirkung erzielen kann.

Geld kann ein anerkennendes „Auf-die-Schulter-Klopfen" nicht ersetzten, d.h., **das ausgeklügeltste Entlohnungssystem kann Sie von Ihrer Führungsaufgabe des Mitarbeiter-Feedbacks nicht entbinden !**

1.2 Die Kräftefeldanalyse nach Lewin

Viele Mitarbeiter reagieren heute ablehnend, wenn ihre Vorgesetzten neue Arbeitsmethoden, Programme oder Abteilungsstrukturen installieren wollen. Besonders wenn diese Veränderungen auf den eigenen Kompetenzbereich Einfluß haben, ist bei solchen Vorschlägen mit Widerstand zu rechnen. Die Feldanalyse von Lewin soll nun dazu beitragen, daß Führungskräfte sich besser auf die Situation vorbereiten können, auch wenn sie eine Problemlösung vorstellen möchten, die als leicht durchsetzbar angesehen wird.

Nach Lewin ist hierbei zum einen die „äußere" Situation zu beachten (das Umfeld), zum anderen aber auch die „innere" Situation des Mitarbeiters. Diese beiden Situationen umfassen das Feld, das es zu analysieren gilt, da hier die gegensätzlichen Bedingungen aufeinandertreffen.

Da ist auf der einen Seite der Mitarbeiter, der sich u. U. durch die Neuerungen angegriffen fühlt und nun dagegen Widerstand leistet, auf der anderen Seite stehen die Kräfte, die die Veränderungen vorantreiben wollen. Dabei können sowohl Vergangenes als auch Zukünftiges auf das Verhalten in der Situation Einfluß nehmen, da es erinnert bzw. vorweggenommen werden kann. Diese Kräfte kann man durchaus als Pro- und Contra-Kräfte bezeichnen.

Die Aufgabe der Führungskraft ist es nun, die Pro-Faktoren zu stärken und gleichzeitig die Contra-Faktoren zu analysieren und zu schwächen. Dazu muß man aus psychologischer Sicht an diese Argumente herangehen und darüber nachdenken: „Wie würde ich selbst auf eine solche Veränderung reagieren? Wie würde ich mich überzeugen lassen?" Hierbei hat sich der Einsatz von Statussymbolen, Anerkennung etc. schon oft als sehr hilfreich erwiesen.

Der Vorteil der Feldtheorie ist, daß sie sich immer auf die Gesamtsituation bezieht und nicht nur einen engen Ausschnitt einzelner Reize betrachtet. Auch müssen die Verhaltensweisen und „Kräfte" sowohl der Person als auch des Umfeldes psychologisch erklärt werden. Sie werden als Umweltgegebenheiten betrachtet, also als Handlungsalternativen und nicht als physikalische Reize.

Gerade der Außendienst wird häufig mit Neuerungen konfrontiert, weil die Unternehmen versuchen, beim Kunden immer „auf dem neuesten Stand" zu sein. Sie haben sicherlich schon des öfteren erlebt, daß diese Neuerungen von Ihrem Außendienst nicht immer mit offenen Armen aufgenommen werden.

Vermutlich gibt es manchmal objektive Gründe dafür, eine neue Idee oder eine neue Vorgehensweise abzulehnen, weil sie in der Praxis nicht oder nur schwierig umzusetzen ist. Diese objektiven Gründe, die Lewin als die „äußere Situation" bezeichnet, müssen für den ganzen Außendienst geprüft und überdacht werden. Widerstände können jedoch auch subjektiv bei jedem Mitarbeiter entstehen. Diese Gründe, die nach Lewin aus der „inneren Situation" heraus entstehen, können Sie nicht mit Pauschallösungen beseitigen. Um dies möglich zu machen, müssen Sie sich mit jedem einzelnen Mitarbeiter und seinen Widerständen auseinandersetzen. Sie müssen seine Motivstruktur erkennen (vergl. auch Motivkette nach Birkenbihl in Kapitel 2). Lewin sagt, daß Sie sich bereits im Vorfeld Gedanken darüber machen sollten, wie Sie selbst auf eine solche Situation reagieren würden. Dabei sollten Sie mit Vorsicht vorgehen. Carnegie hat einmal gesagt: „Der Wurm muß dem Fisch und nicht dem Angler schmecken", d.h., daß Sie damit rechnen müssen, daß Mitarbeiter anders reagieren, als Sie dies an deren Stelle tun würden. Wenn Sie ein stark extrovertierter Typ sind und einer Ihrer Mitarbeiter ein eher introvertierter Typ, werden die Reaktionen anders ausfallen. Sie als erfahrener Verkäufer haben sicher schon davon gehört, daß wir „im Kopf unserer Kunden denken" sollen. Nutzen Sie dieses Prinzip auch bei der Führung Ihres Außendienstes. Denken Sie „im Kopf Ihrer Mitarbeiter"!

1.3 Das Faktoren-System nach Herzberg

Eine weitere sehr bekannte Motivationstheorie entwickelte Dr. Frederick Herzberg. Sie ist unter dem Begriff „Faktoren-System" in den allgemeinen Sprachgebrauch eingegangen. Dies ist ein System, das dazu dienen soll, die Zufriedenheit bzw. die Unzufriedenheit der Mitarbeiter zu ermitteln.

Herzberg ging davon aus, daß es zwei Arten von Faktoren gibt, die das menschliche Verhalten bezüglich der Leistungsbereitschaft und der Arbeitszufriedenheit beeinflussen. Zum einen sind dies nach Herzberg die **Hygienefaktoren**, worunter er Führung, Führungsstil, Entlohnung, Sicherheit am Arbeitsplatz, die allgemeinen physischen Arbeitsbedingungen, Betriebspolitik, soziale Leistungen und soziale Bindungen zusammengefaßt hat.

Die andere Gruppe setzt sich aus den **Motivationsfaktoren** wie beispielsweise dem Anerkennen von Leistung, Erfolg, Aufstiegsperspektiven, Verantwortung, Freiheit zur selbständigen Arbeit und Entscheidung usw. zusammen.

Aus seinen Studien schloß Herzberg, daß die Unzufriedenheit zumeist von der negativen Ausprägung der Hygienefaktoren herrührt. Positive Ausprägungen führen dagegen nicht zu Zufriedenheit, sondern sichern lediglich das Nichtvorhandensein der Unzufriedenheit. Die Hygienefaktoren sind also als eine Art Vorsorgeleistung zu verstehen.

Zufriedenheit ist aber nach Herzberg durch die Umsetzung der Motivationsfaktoren sehr schnell, tiefgreifend und lang anhaltend erreichbar. Am umstrittensten an seiner Theorie ist die Tatsache, daß Herzberg Geld als Hygienefaktor einstuft. Es gibt vermutlich ebenso viele Gegner wie Befürworter dieser Eingruppierung.

Ein Beispiel aus der Außendienstpraxis: Das Auto ist bei den allermeisten Außendiensten eine Art „heilige Kuh". Es ist wichtig, welche Kategorie von Auto Ihrem Außendienst zur Verfügung steht. Wenn Ihr Außendienst mit alten und dem Status nicht entsprechenden Autos herumfahren muß, dann wird das die Motivation und damit auch die Leistung beeinträchtigen. Sind die Autos in Ordnung, heißt dies jedoch nicht, daß damit auch eine dauerhafte Motivation und damit eine dauerhafte Leistungssteigerung verbunden ist. Kurzfristig stellt die Verbesserung der Situation sicherlich einen Leistungsanreiz dar, aber langfristig eben nicht.

Ein Motivationsfaktor, der eine langfristige Leistungssteigerung bringt, wäre für den Außendienst sicherlich die Möglichkeit, selbständig zu arbeiten und Entscheidungen größtenteils selbst zu treffen. Wir hören einige sagen: „Das ist doch bei jedem Außendienst möglich." Irrtum, wir haben viele Außendienste erlebt, die so eng geführt wurden, daß alle Entscheidungen (z.B. Gewährung von Preisnachlässen, Ausgabe von Werbegeschenken usw.) mit den Vorgesetzten abgestimmt werden mußten. Die Möglichkeit, wirklich selbständig zu arbeiten, gibt ein Außendienstmitarbeiter seltener auf als ein schönes Auto. D.h., Motivationsfaktoren tragen auch zu einer geringeren Fluktuation bei, und gerade beim Außendienst ist es besonders wichtig, daß Sie Ihren Kunden nicht jedes Jahr ein „neues Gesicht" präsentieren müssen.

1.4 Die Bedürfnishierarchie nach Maslow

Der amerikanische Psychologe Abraham Maslow stellte 1954 in seinem Buch „Motivation and Personality" eine völlig neuartige Hierarchie der Motive auf. Er war einer der Begründer der humanistischen Psychologie, die die Frage des Lebenssinns und der Wertorientierung in den Mittelpunkt stellte. Zum ersten Mal grenzt hier ein Wissenschaftler ganze Motivgruppen voneinander ab und nicht die einzelnen Bedürfnisse des Menschen, wie es vorher üblich war.

Maslow ordnet diese Motivgruppen auf Hierarchieebenen so an, daß die Rangordnung wertbezogen auf die Rolle der Bedürfnisse in der Persönlichkeitsentwicklung ist. Dabei werden die „höheren" und „höchsten" Motive genauso als angeborene, konstitutionelle Dispositionen betrachtet wie die „niedrigsten".

Ein Grundgedanke Maslows ist, daß ein Bedürfnis nur so lange das Handeln eines Menschen beeinflußt, wie es unbefriedigt ist. Wobei das Handeln hier weniger von innen getrieben ist, sondern von den verschiedenen Möglichkeiten, das Bedürfnis zu befriedigen, angeregt wird.

Eine weitere grundlegende Idee Maslows war, daß es in der menschlichen Persönlichkeitsstruktur ein Prinzip der Vorrangigkeit gibt. Erst dann, wenn alle Bedürfnisse einer Hierarchieebene befriedigt sind, kann ein höheres Bedürfnis geweckt werden. Dieses bestimmt dann in der Folge das weitere Handeln des Menschen. Erst jetzt wird das neue Bedürfnis als Mangel empfunden.

Die Basis der Hierarchie bilden die physiologischen Bedürfnisse, die zusammen mit der nächsten Stufe, den Bedürfnissen nach sozialer Bindung und Sicherheit, die sogenannten „deficiency needs" darstellen. Weitere

Stufen sind die Bedürfnisse der Selbstachtung und der Selbstverwirklichung. Kommt es einmal zum Konflikt zwischen zwei Bedürfnissen aus unterschiedlichen Ebenen, so setzt sich nach Maslow stets das Bedürfnis der niedrigeren Ebene durch.

Diese Einteilung Maslows läßt noch andere Schlüsse hinsichtlich der Motivations- und Bedürfnisstruktur des Menschen zu:

- Das Bewußtsein der eigenen Persönlichkeit wächst von Stufe zu Stufe.
- Der Wunsch nach Selbstbestimmung der Bedürfnisse steigt.
- Um an die Spitze der Hierarchie zu gelangen, bedarf es finanzieller Mittel.
- Je nachdem, wie gut ein Bedürfnis befriedigt wurde, wird dadurch auch die weitere Motivation beinflußt.
- Das Bedürfnis mit dem geringsten Grad der Befriedigung stellt die größte Motivation dar.
- Je höher das Bedürfnis in der Hierarchie angesiedelt ist, um so weniger wichtig ist es für das bloße Überleben.
- Ein höheres Bedürfnisniveau geht einher mit größerer biologischer Effizienz, längerem Leben, weniger Krankheiten, besserem Schlaf etc.
- Befriedigung höherer Bedürfnisse schafft weitere wünschbare und persönliche Ergebnisse.

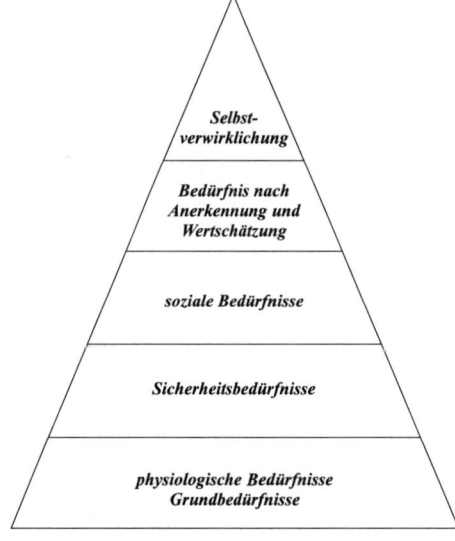

Kritisch bleibt zu dieser Theorie anzumerken, daß es diese reinen Abtrennungen der Bedürfnisse in der Realität kaum gibt. Der Mensch strebt meist die Befriedigung mehrerer Bedürfnisse gleichzeitig an und hält sich dabei nicht an die Einteilung in **„überlebenswichtige" Motive und „Wachstumsmotive".** Auch die Einteilung in Hierarchieebenen kann man so pauschal nicht für alle Menschen treffen, da jeder Mensch, besonders wenn es nicht mehr nur um die rein körperlichen Bedürfnisse geht, andere Wertvorstellungen hat. Dem einen ist beispielsweise das Familienleben besonders wichtig, das Bedürfnis nach sozialen Kontakten ist demnach sehr stark ausgeprägt, der andere lebt gern allein, und zuviel menschliche Nähe fällt ihm auf die Nerven.

Wenn einer Ihrer Mitarbeiter noch ein Defizit an Sicherheit oder Grundbedürfnissen hat, dann stellt ein Mehr an Gehalt sicherlich die größte Motivation dar. Sind die Bedürfnisse nach Sicherheit bereits befriedigt (das Haus ist abbezahlt, das Ersparte bietet ein Polster für Notfälle usw.), dann wird der Mitarbeiter eher das Bedürfnis nach Anerkennung und Wertschätzung haben. Ein vorderer Platz auf der „Rennliste", die der ganze Außendienst bekommt, wird jetzt ein größerer Anreiz zur Leistung sein als das Gehalt. Daß wir uns jetzt nicht falsch verstehen: Das Gehalt ist immer ein wichtiger Faktor. Ohne die entsprechende Verdienstmöglichkeit wird einen Mitarbeiter auch die „Rennliste" nicht motivieren.

Wenn einer Ihrer Außendienstmitarbeiter auf der Suche nach Selbstverwirklichung ist, dann können Sie dieses Bedürfnis vielleicht dadurch befriedigen, daß Sie ihn in die Projektgruppe integrieren, die über neue Vertriebsstrukturen nachdenkt. Bieten Sie ihm die Möglichkeit, sein Potential zu entfalten. Tun Sie dies nicht, wird er das Bedürfnis nach Selbstverwirklichung anderweitig erfüllen, und dies könnte dann auf Kosten seiner Arbeitsleistung geschehen.

1.5 Das Harzburger Modell nach Höhn

Dieses Modell wurde von Höhn in den 60er Jahren entwickelt. Es erhebt selbst den Anspruch, einen umfassenden Führungsansatz darzustellen.

Höhn lehnt sich bei seinen Überlegungen an militärische Prinzipien an. Er sagt, daß Führung keine situativ differenzierende Kunst ist, sondern eine relativ leicht erlernbare Fertigkeit darstellt, die auf ein paar Grundüberlegungen reduziert werden kann. Die Überlegungen leiten sich überwiegend aus der absolutistisch-patriarchalischen Führung ab. Dem Vorgesetzten kommt demnach uneingeschränkte Führungsautorität zu, er hat aber auch die Fürsorgepflicht. Charakteristika des Modells sind unter anderem:

- Entscheidungen werden auf den Ebenen getroffen, zu denen sie gehören.
- Es werden generell keine Einzelaufträge mehr erteilt, sondern Aufgabengebiete mit den dazugehörigen Kompetenzen verteilt.
- Mit den Aufgabengebieten delegiert der Vorgesetzte auch die dazugehörige Verantwortung. Die Führungsverantwortung bleibt jedoch uneingeschränkt bei ihm.
- Stellenbeschreibungen grenzen Aufgaben, Überstellungsverhältnisse usw. ab.
- In einer „Allgemeinen Führungsanweisung" werden die Grundsätze der Mitarbeiterführung verbindlich festgelegt (diesen Führungsanweisungen kommt im Modell keine besondere Bedeutung zu).

Das Harzburger Modell ist sehr umstritten. Es gibt keine wissenschaftliche Publikation, die das Modell befürwortet. Trotzdem ist dieses Führungsmodell häufig in der Praxis vorzufinden, selten allerdings in seiner reinen Form. Das Modell kann kaum Verhalten ändern, da es sich lediglich an die rationale Ebene des Menschen wendet. Es ist lediglich eine andere Form des autoritären Führungsstils. Das Modell ist statisch und nimmt auf die Weiterentwicklung des Unternehmens keine Rücksicht. Da es dieses Modell in seiner Reinform praktisch nicht gibt, möchten wir uns darauf beschränken, Ihnen einige Denkanstöße mitzugeben:

Treffen Sie keine Entscheidungen, die eigentlich auch von Ihren Außendienstmitarbeitern vor Ort getroffen werden könnten. Ein verantwortungsvoller Mitarbeiter kann aus der Situation beim Kunden heraus viel besser entscheiden, ob ein Preisnachlaß angebracht und notwendig ist oder nicht. Wenn dies nicht der Fall ist, dann müssen Sie die jeweiligen Mitarbeiter dazu qualifizieren, diese Entscheidungen treffen zu können.

1.6 Die X-Y-Theorie nach McGregor

Als nächstes möchten wir Ihnen den Ansatz von Douglas McGregor vorstellen, den dieser am Massachusetts Institute of Technology entwickelte. Als grundlegende Annahme ist hier die Aussage zu sehen, daß weder finanzielle Anreize noch eventuelle Strafen die Leistungsbereitschaft eines Mitarbeiters auf Dauer fördern können. Vielmehr ist es nach McGregor nötig, positiv auf die Einstellung des Menschen zur Arbeit einzuwirken, um seine Leistungsbereitschaft steigern zu können. Sein Ziel war es, eine alternative Theorie zu den bisher vorherrschenden Organisations- und Führungsstrukturen aufzustellen, die sehr an die Strukturen des Militärs angelehnt waren, dabei aber den entscheidenden Faktor Mensch außer acht ließen. Zu diesem Zweck hat er die Einstellungen, die Mitarbeiter am häufigsten an den Tag legen, in zwei Theorien zusammengefaßt.

Die **Theorie X** besagt, daß die meisten Menschen wenig motiviert sind und aus diesem Grund stets versuchen, die Arbeit zu vermeiden. Sie müssen also immer zur Arbeit angeleitet und gezwungen werden. Eine weitere Aussage dieser Theorie ist , daß der durchschnittliche Mitarbeiter die Verantwortung eher scheut und seine Sicherheitsbedürfnisse über seinen Ehrgeiz stellt.

In der **Theorie Y** geht McGregor von gegenteiligen Annahmen aus, indem er sagt, daß Menschen nun versuchen, Verantwortung zu übernehmen. Der Mitarbeiter ist jetzt motiviert, Leistung zu zeigen, sofern die Bedingungen am Arbeitsplatz angenehm sind. Auch sind Menschen immer kreativ und haben viele Talente, die sie zum Vorteil des Unternehmens einbringen können. Arbeit wird nun als etwas betrachtet, das Befriedigung auslösen kann.

Die Schlußfolgerung, die McGregor aus dieser Aufstellung gezogen hat, war, daß man sich als Führungskraft, die ihre Mitarbeiter motivieren möchte, hauptsächlich auf die Theorie Y stützen muß. Die Leistungsbereitschaft der Mitarbeiter ist nur auf diese Weise zu steigern, und diese ist eine grundlegende Voraussetzung für den Erfolg. Dies hängt nach unserer Ansicht stark mit der sich selbst erfüllenden Prophezeiung zusammen.

 Überprüfen Sie doch einmal Ihre Einstellung: Was haben Sie für Mitarbeiter? Können Sie sich darauf verlassen, daß die meisten Ihrer Mitarbeiter selbständig arbeiten und ohne größere Kontrollaktionen ihre Leistung bringen, oder tanzen bei Ihnen die Mäuse auf dem Tisch, sobald die Katze aus dem Hause ist? Es gibt ja die Theorie, daß die Mitmenschen einen Spiegel des eigenen Verhaltens darstellen. Nur wenn Sie Ihren Mitarbeitern das nötige Vertrauen entgegenbringen, werden diese sich auch so verhalten, daß das Vertrauen gerechtfertigt wird. Ein Unternehmen hat hierzu einen Versuch gemacht: Es gab bei Dienstreisen wie üblich Vorgaben darüber, ob erster oder zweiter Klasse gereist werden durfte, wie teuer ein Hotel zu sein hatte usw. Nun hat man alle diese Vorgaben aufgehoben und es der Verantwortung der Mitarbeiter überlassen, zu entscheiden, wie sie reisen bzw. übernachten möchten. Das Ergebnis war verblüffend: Die Gesamtreisekosten waren geringer als vorher. Sicherlich waren einzelne Mitarbeiter dabei, die die Möglichkeiten ausgenutzt haben, aber wenn wir das Gesamtergebnis betrachten, dann hat sich das Vertrauen gelohnt. Denken Sie einmal darüber nach.

1.7 Vrooms Erwartungs-Wert-Theorie

Die Erwartungs-Wert-Theorie von V. H. Vroom, auch Instrumentalitätsmodell genannt, basiert auf der Annahme, daß der endgültige Leistungseinsatz einer Person immer dann hoch ist, wenn

- die Erwartungen hoch sind, daß der Leistungseinsatz zu vielen positiven Ergebnissen führt, und
- die Ergebnisse auch in einer engen Beziehung zu den eingesetzten Instrumenten stehen.

Man muß erkennen können, durch welches Instrument das jeweilige Ergebnis zu erzielen ist.

Ein weiterer wesentlicher Aspekt in dieser Theorie ist, daß für den Fall, daß Handlungsalternativen zur Wahl stehen, immer die Alternative mit dem höchsten Wert ausgeführt wird. Der Wert ermittelt sich, indem man von jeder Möglichkeit die mit der Handlung verbundenen Folgen mit deren Auftretenswahrscheinlichkeit multipliziert und die entstehenden Produkte addiert. Ob eine erwogene Handlung dann zu dem gewünschten Ziel kommt, ist mehr oder weniger wahrscheinlich.

Am besten läßt sich dieser Gedankengang Vrooms am Beispiel eines Schülers erläutern: Hat ein Schüler Angst, am Ende des Schuljahres nicht versetzt zu werden, so ist dies nach Vroom eine **negative** Handlungsfolge. Der Schüler erkennt nun, daß ein größerer Lernaufwand in den letzten Wochen des Schuljahres das befürchtete Sitzenbleiben noch verhindern könnte. Nach Vroom stellt das die **negative** Instrumentalität (Verknüpfung zwischen dem Ergebnis einer Handlung und den Handlungsfolgen) für das Sitzenbleiben dar. Der Schüler steigert nun seine Anstrengungen für die Schule. Aufgrund der zwei negativen Faktoren, die miteinander multipliziert ein positives Produkt ergeben, ist die Anreizmotivation Auslöser für eine erhöhte Motivation. Wäre das Produkt negativ, so würde der Schüler in Inaktivität verfallen.

Diese Theorie Vrooms ist in gewisser Weise als Gegenstück zu den bisher beschriebenen Motivationtheorien zu sehen. Sie stellt im Gegensatz zu Herzbergs Faktoren-System nicht die Bedürfnisse des Menschen in den Vordergrund, sondern bezieht das Planungsverhalten und den Zukunftsbezug mit ein. Allein die Tatsache, menschliche Motivation berechnen zu wollen, macht diese Theorie für uns eher zu einem Gedankenspiel.

Dieser Aussage können Sie sicherlich zustimmen, wenn wir Sie jetzt auffordern, das Verhalten Ihrer Außendienstmitarbeiter zu berechnen. Dies ist nicht möglich. Die Kernaussagen von Vrooms Theorie sind jedoch richtig und nachvollziehbar. Nehmen wir eine Aussage exemplarisch heraus: „Stehen mehrere Handlungsalternativen zur Wahl, entscheidet sich der Mitarbeiter immer für die Alternative mit dem höchsten Wert." Wenn Sie beispielsweise einen Außendienstmitarbeiter einer Bausparkasse nehmen, der die Möglichkeit hat, Kaltakquisition im Jugendmarkt zu machen oder Bestandskunden zu besuchen, deren bestehende Verträge die zur Zuteilung notwendige Bewertungszahl erreicht haben – wofür wird er sich wohl entscheiden?

Die Wahrscheinlichkeit, einen Neuvertrag bei Bestandskunden zu machen, ist um ein vielfaches höher als einen Neuvertrag durch Kaltakquisition. Der Mitarbeiter entscheidet sich somit für die Alternative mit dem höchsten Wert. Sie können nun versuchen, den Wert der Jugendakquise zu steigern, indem Sie beispielsweise eine Prämie für jeden neuen Vertrag aussetzen, der mit einem Jugendlichen abgeschlossen wird, der noch nicht Kunde bei Ihnen ist. Damit kann sich der Einsatz für den Mitarbeiter eher lohnen, d.h., die Wahrscheinlichkeit, daß er sich für den Jugendmarkt entscheidet, ist dann größer. Viele Unternehmen arbeiten in diesem Bereich auch mit Zielvorgaben. Werden die Vorgaben nicht erreicht, hat das in irgendeiner Form negative Konsequenzen. Das Vermeiden dieser negativen Konsequenzen kann den Wert der zweiten Alternative ebenfalls steigern.

2. Psychologische Grundlagen der Motivation

Die Motivation wird immer als das wichtigste Mittel zur Leistungssteigerung bezeichnet. Wir wollen Ihnen in diesem Kapitel einen kurzen Überblick darüber geben, was bei Motivationsprozessen aus psychologischer Sicht in einem Menschen abläuft. Dabei werden wir versuchen, die hochkomplexen Zusammenhänge so einfach wie möglich auszudrücken.

In Häckhausens wissenschaftlicher Abhandlung „Motivation und Handeln", auf die wir uns im Folgenden beziehen, wird der Begriff Motivation wie folgt definiert:

„Motivation ist in der Psychologie eine Sammelbezeichnung für vielerlei Prozesse und Effekte, deren gemeinsamer Kern darin besteht, daß ein Lebewesen sein Verhalten um der erwarteten Folgen willen auswählt und hinsichtlich Richtung und Energieaufwand steuert."

Dabei hängen diese Verhaltensweisen von den Motiven ab. Ein Motiv in seiner Grundbedeutung ist nicht mehr als ein Antrieb des Verhaltens, genau wie der Motor beim Auto. Hierbei kommt es aber auch auf die Komponenten eines Motives an. In der Psychologie werden zwei bzw. drei Komponenten unterschieden:

- die aktivierende Komponente und
- die bewußt kognitive bzw. unbewußt kognitive Komponente

Nehmen wir beispielsweise den Schlaf. Er ist ein Trieb, der, wenn er nicht befriedigt wird, das biologische Gleichgewicht unseres Körpers stört. Dies nennt man die aktivierende Komponente eines Motivs, da durch sie das ganze System aktiviert und gesteuert wird und der Mensch handelt: Wir haben Hunger und essen, wir sind müde und gehen schlafen usw.

Die zweite Komponente, die Motive auslösen kann, ist die bewußt kognitive Komponente. Sie setzt einen bewußten oder auch willentlichen Prozeß in unserem Körper in Gang, der sowohl die Wahrnehmung als auch die Interpretation der vorliegenden Alternativen umfaßt. D.h., es wird ein bewußtes Anstreben der Ziele ausgelöst.

Nehmen wir an, Sie haben gestern abend eine nette Frau oder einen netten Herren kennengelert und sich zum Essen verabredet. Sie möchten den anderen näher kennenlernen und seine Aufmerksamkeit wecken. Jetzt denken Sie bewußt über die Möglichkeiten nach, wie Sie dieses Ziel erreichen können. Welche Möglichkeiten fallen uns spontan ein? Wir kleiden uns bewußter, wählen ein besonders teures und elegantes Restaurant aus, wir sind besonders witzig und „versprühen Esprit", und selbstverständlich interessieren wir uns für alles, was den anderen auch interessiert. So können wir uns stundenlang über Dinge unterhalten, die uns normalerweise nicht sonderlich interessieren.

Anhand von Vera F. Birkenbihls **„Motivkette"**, läßt sich unser Verhalten gut erklären: Alles, was wir tun, tun wir in der Kombination aus einer Dreierkette. Wir haben ein Motiv, deshalb verhalten wir uns, um ein Ziel zu erreichen.

Motiv ⇨ Verhalten ⇨ Ziel

Wenn wir die Motivkette auf unser Beispiel beziehen, dann stellt sie sich so dar:

Restaurant
Einsamkeit ⇨ Kleidung ⇨ Aufmerksamkeit wecken
Interesse zeigen

Wir werden uns jetzt für eine oder mehrere Verhaltensweisen bewußt entscheiden, deshalb nennt man die Komponente bewußt kognitiv.

Die dritte Komponente, die wir unterscheiden wollen, ist die unbewußt kognitive Komponente. Sie zeichnet sich dadurch aus, daß uns meist weder Motiv noch Ziel bewußt sind, unser Unterbewußtsein jedoch unser Verhalten bestimmt. Wir merken manchmal hinterher, warum wir uns so verhalten haben und was wir damit erreichen wollten.

Neben der Unterscheidung in „niedere" Motive (Durst, Hunger, Schlaf, Sexualität) und „höhere" Motive (z.B. Bildung, Selbstverwirklichung) lassen sich Motive nach Heckhausen grob in vier Klassen aufteilen:

• Leistung
• sozialer Anschluß
• Macht
• Agressivität.

Es wird Sie vielleicht wundern, daß solche Klassen für alle Menschen pauschal aufgestellt werden. Der einzige Unterschied, der zwischen den Menschen besteht, ist die Rangordnung der kognitiven Motive. Diese Rangordnung wird von dem individuellen Umfeld bestimmt, da sich der Mensch den Werten und Normen seines Umfeldes unterwirft.

Wenn sich das Umfeld eines Menschen verändert, zieht dies meist auch eine Veränderung der Rangordnung nach sich. Das gleiche gilt auch im umgekehrten Sinn: Wer die Rangordnung seiner Motive verändert, verändert oft auch sein soziales Umfeld. Wir haben alle schon erlebt, daß sich das Verhalten von Menschen verändert, wenn sich dessen Freundeskreis verändert und umgekehrt. Ein typisches Beispiel für eine solche Veränderung ist die Midlifecrises. Der treusorgende und karrierebewußte Familienvater bricht plötzlich aus, weil er glaubt, das Leben geht an ihm vorbei. Er verändert seine Motivstruktur. Dies läßt sich in seinem alten Umfeld jedoch nicht realisieren, deshalb zwängt er sich in enge Jeans, nimmt seine Herztabletten und geht in die Disco.

Anders ist es dagegen mit den körperlichen Bedürfnissen und Motiven (aktivierende), wie beispielsweise Hunger und Durst. Diese unterliegen nur in gewissem Maße den sozialen Einflüssen. Sie sind angeboren und werden hauptsächlich durch den Körper gesteuert, der mit Entzugserscheinungen reagiert, wenn seine Bedürfnisse zur Aufrechterhaltung der körperlichen Funktionen zu lange unbefriedigt bleiben. Untersuchungen über die Grundmotive (Hunger, Durst, Schlaf, Sexualität) haben gezeigt, daß der Schlafentzug am schnellsten zum Tode führt.

Das Motiv, das die größte Vielfalt an Interpretationen bietet, ist wohl das Leistungsmotiv. So gibt es auch aus der Wissenschaft keine exakte Definition, die das Leistungsmotiv kennzeichnet. Ebenso hat jeder Mensch eine eigene Vorstellung davon, in welchem Bereich er seine Leistung angesiedelt sehen möchte. Für die einen ist es der Beruf, für andere die Familie, und wieder andere sehen im Sport ihre einzige Möglichkeit, wirklich Leistung zu zeigen.

Für den Außendienst in vielen Branchen ist die Frage nach den Leistungsmotiven von besonderer Bedeutung. Die Zeit, in der in privaten Bereichen „Leistung" erbracht werden kann, ist genau die Zeit, in denen auch das Hauptverkaufsgeschäft abläuft – am Abend. Nehmen wir an, ein Mitarbeiter im Versicherungsaußendienst endeckt seine Leidenschaft für den Sport. Seine Leistungsmotive zielen in diese Richtung. Er muß trainieren, Wettkämpfe austragen usw. Wann wird er dies tun? Genau in der Zeit, in der seine Kunden zu Hause sind.[1] Es ist deshalb wichtig für Sie, daß Ihr Team seine Leistungsmotive in erster Linie auf den beruflichen Erfolg richtet.

Eine weitere Unterscheidung läßt sich in der Komplexität des Motives feststellen. Komplexität bedeutet in diesem Fall, wie viele unterschiedliche Antriebskräfte an einem Motiv beteiligt sind und so zusammen auf die „Steuerungszentrale" des Menschen – das Gehirn – einwirken. So gehen die meisten Menschen z.B. aus mehreren Gründen arbeiten: Anerkennung, Geld, Macht, Selbstverwirklichung usw.

Aber auch in der Ausrichtung des Motives existieren Unterschiede zwischen den Menschen. So gibt es z.B. den Typ, der bei allem, was er tut, stets das Beste leisten möchte, um so zu möglichst großem Erfolg zu kommen, während der andere nur das Notwendigste tut, um Mißerfolge zu vermeiden. Angeblich sitzen ca. 70% aller Arbeiter und Angestellten im sogenannen PEB, dem **P**ensions-**E**rwartungs-**B**unker. Überlegen Sie doch einmal, wie viele Mitarbeiter Ihres Außendienstteams tatsächlich Höchstleistungen bringen und wie viele gerade soviel tun, damit sie nicht auffallen. Es ist ja nicht so, daß diese Mitarbeiter keine Leistung erbringen, aber es wäre eben wesentlich mehr drin.

---

[1] Natürlich ist es wichtig, daß sich der Mensch körperlich fit hält, die Frage dabei ist jedoch, wieviel Energie er in dieses „Fit-halten" steckt und ob sein Ziel körperliche Fitness oder Höchstleistung ist.

Es hat hierzu auch Untersuchungen gegeben, die sich damit beschäftigt haben, inwieweit sich Motive messen lassen und ob man anhand dieser Messungen Voraussagen über das nachfolgende Handeln der Person machen kann. Die Ergebnisse zeigten, daß es durchaus möglich ist, aufgrund der Ausprägung eines bestimmten Motivs die Handlungstendenzen vorhersagen zu können. Das Motiv bleibt trotzdem ein sogenanntes „hypothetisches Konstrukt", also etwas nicht Beobachtbares, was nur im Geiste stattfindet.

Die wissenschaftliche Untersuchung der Motivation stößt sehr schnell an ihre Grenzen. Untersuchungen müssen sich überwiegend auf Befragungen stützen. Das Problem, das sich daraus ergibt, ist offensichtlich: Niemand ist sich zu jedem Zeitpunkt bewußt, ob er jetzt motiviert ist oder nicht. Selbst wenn Sie das Gefühl haben, im Moment besonders motiviert zu sein, können Sie dann genau definieren, durch welchen Anreiz diese Motivation zustande gekommen ist?

Die Untersuchung des Motivationsverhaltens der Menschen wird noch durch einen weiteren Aspekt erschwert, den die Psychologen das „Konsistenzparadoxon" nennen. Dieses besagt, daß sich selbst bei völlig identischen Ausgangssituationen nicht vorhersagen läßt, ob die darin befindlichen Personen gleich motiviert reagieren werden oder nicht. Das liegt zum einen an der oben bereits beschriebenen Motivationsstruktur, die bei jedem Menschen individuell ausgeprägt ist, zum anderen aber auch daran, daß es in jeder Situation mehrere Möglichkeiten gibt, das Ziel zu erreichen.

Nehmen wir doch zum Beispiel einmal an, zwei Führungskräfte versuchen, von einem neuen Außendienstteam anerkannt zu werden. Die eine Person beginnt, sich mit der Gruppe zu unterhalten, versucht Kontakte aufzubauen und ein gewisses Maß an Vertrauen herzustellen. Sie gewinnt so an Sympathie. Die andere Person droht nach einem kurzen Gespräch in der Gruppe sofort drastische Strafen an, wenn man sie nicht anerkennt.

Das läßt erkennen, daß man, auch wenn die Situation nach außen hin völlig gleich erscheint, nie die genauen Verhaltensweisen eines Menschen vorhersagen kann. Zwar wird sich ein Mensch von der Tendenz her in ähnlichen Situationen auch immer ähnlich verhalten, aber eine andere Person legt auch wieder andere Verhaltensweisen an den Tag.

Aus der Tatsache, daß sich ein Mensch in ähnlichen Situationen tendenziell ähnlich verhalten wird, darf man aber keine Gesetzmäßigkeit des Verhaltens ableiten. Jeder Mensch ist so vielen Einflüssen ausgesetzt, daß wir immer mit einer Veränderung rechnen müssen. Wie sich ein Mensch letztlich verhalten wird, ist abhängig von der Ausgangssituation, der persönlichen Stimmung, den situativen Einflüssen und vielem mehr.

Abschließend kann man sagen, daß die Motivationsforschung eine Gleichung mit so vielen Unbekannten ist, daß sich zwar Wahrscheinlichkeiten bis zu einem gewissen Grad ableiten lassen, eine konkrete Aussage in fast allen Fällen jedoch unmöglich bleibt.

3. Motivation und Führung

Wenn Sie die Stellenanzeigen in den Wochenendausgaben der großen Tageszeitungen betrachten, dann ist eine wichtige Anforderung an potentielle Führungskräfte die Fähigkeit, Mitarbeiter zu motivieren. Wir gehen sogar noch einen Schritt weiter:

Die Motivation von Mitarbeitern ist die **wichtigste** Aufgabe von Führungskräften!

Es wurden viele Bücher zu der Frage geschrieben, welches die eigentlichen Aufgaben einer Führungskraft sind. Schlagworte sind Delegation, Planung, Kontrolle usw. Wenn Sie schon länger im Berufsleben stehen, haben Sie sicherlich auch schon über diese Frage nachgedacht. Das Ziel jedes wirtschaftlich ausgerichteten Unternehmens ist die Gewinnoptimierung. Alle Aktivitäten der Mitarbeiter sollten auf dieses Ziel ausgerichtet sein. Die Aufgabenstellungen der Führungskräfte dienen letztendlich auch der Erreichung dieses Zieles. Auch die Mitarbeitermotivation ist im Unternehmen kein Selbstzweck. Zufriedene und motivierte Mitarbeiter erreichen ein höheres Leistungsniveau und damit auch einen höheren Ertrag. Motivierte Mitarbeiter sind gerade im Außendienst wichtig, da die räumliche Distanz direkte „Eingriffe" und „Lenkungsmaßnahmen" schwierig macht. Um die Motivationsmöglichkeiten einer Führungskraft und deren Stellenwert analysieren zu können, sollten wir uns zunächst einmal Gedanken darüber machen, welche Aufgaben eine Führungskraft hat.

Wenn Sie selbst eine Führungsposition bekleiden, dann überlegen Sie sich einmal, was Sie als Ihre Führungsaufgaben betrachten. Wenn Sie noch keine Führungsposition innehaben, überlegen Sie sich, was Sie als die Führungsaufgaben Ihrer Vorgesetzten ansehen. Notieren Sie die Aufgaben in der Reihenfolge, in der sie Ihnen einfallen, danach ordnen Sie jeder Aufgabe eine Wertigkeit von 1 bis 10 zu und erstellen ein Aufgabenprofil.

Führungsaufgaben	1	2	3	4	5	6	7	8	9	10
1.										
2.										
3.										
4.										
5.										
6.										
7.										
8.										
9.										
10.										

Ihr individuelles Aufgabenprofil wird sich danach richten, welche Auffassung von Führung Sie haben, welche Hierarchie Sie angenommen haben und welche Branche Sie geprägt hat. Wir werden im Folgenden über verschiedene Möglichkeiten sprechen, wie sich die Ausübung verschiedener Führungsaufgaben auf die Motivation der Mitarbeiter auswirkt. Sicher erheben wir keinen Anspruch auf Vollständigkeit der folgenden Liste. Falls Sie in Ihrem Profil Aufgaben definiert haben, die wir nicht ausführlich besprechen, können Sie am Ende dieses Kapitels selbst Überlegungen anstellen, wie sich Ihre speziellen Aufgaben auf die Mitarbeitermotivation auswirken. Wir wollen folgende Aufgaben näher durchleuchten :

- Information
- Entscheidungsfindung
- Zielfindung
- Mitarbeiterbeurteilung
- Weiterbildung
- Kontrolle
- Teamarbeit
- Betriebsklima.

3.1 Information

„Daß ich nicht mehr, mit sauerm Schweiß,
Zu sagen brauche, was ich nicht weiß;
Daß ich erkenne, was die Welt
Im Innersten zusammenhält."
Goethe, Faust

Der Drang nach Wissen hat die Menschheit schon seit jeher beherrscht. Dies hat sich nicht geändert. Der Mensch ist ein Wesen, das ständig danach trachtet, sein Wissen und somit seine „Informationsdatenbank", zu erweitern. Dieser Drang ist in jedem Alter und in jeder gesellschaftlichen Schicht verankert. Das Kind befriedigt diesen Drang ungehemmt durch Fragen und Ausprobieren; Gesellschaftsspiele wie „Spiel des Wissens" oder „Trivial Pursuite", bei denen das Wissen getestet und erweitert wird, sind auf dem Spielemarkt sehr gefragt. Auch der neueste Klatsch und Tratsch dient letztlich nur dem Informationsaustausch.

Alle 20 Jahre verdoppelt sich der Wissensstand der Menschheit, und diese Zeitspanne verkürzt sich permanent. Wir brauchen also ständig Informationen, um auf dem laufenden zu bleiben. Ganze Branchen beschäftigen sich heute damit, diese Informationen zur Verfügung zu stellen. Datenbanken, Informationssysteme und vieles mehr halten die gewünschte Information in Sekundenschnelle parat. Neueste Technologie macht es möglich.

Was haben diese Tatsachen aber jetzt mit der Motivation von Mitarbeitern im Außendienst zu tun? Der Mitarbeiter ist doch ein Mensch – oder? Also hat auch er das Bedürfnis nach Wissen und Information. Stellen Sie sich doch einmal folgende Situation vor: Die Mitarbeiter in der Abteilung, die die Kunden telefonisch betreuen, machen seit Jahren montags um 9.00 Uhr ihre Teambesprechung. Heute sagt man ihnen, sie sollen diese künftig am Mittwoch um 10.00 Uhr machen. Die nicht zu vermeidende Frage wird lautet: Warum? Als Antwort sagt man ihnen: „Weil die da oben das so wollen." Was wird in den Mitarbeitern jetzt wohl vorgehen? Fühlen sie sich ernst genommen und motiviert oder eher frustriert? Wir sind uns sicher einig, daß diese Aussage keinen Motivationsschub auslösen wird. Woran liegt es denn, daß sich in dieser Abteilung Frustration breitmacht? An der Tatsache, daß den Mitarbeitern Informationen vorenthalten werden. Dies hat zwei Dinge zur Folge: Erstens verstehen die Mitarbeiter den Sinn dieser Anweisung nicht und werden dieser deshalb nicht oder nur murrend folgen. Zweitens hat das Vorenthalten von Informationen einen Effekt, den wir einmal den „Wenn-du-groß-bist-Effekt" nennen wollen. Immer wenn es Erwachsenen zu aufwendig ist, Kindern etwas zu erklären, oder wenn sie es nicht wollen bzw. nicht können, kommt der Satz: „Das erkläre ich dir, wenn du einmal groß bist. Jetzt verstehst du es noch nicht." Bewußt oder unterbewußt fühlen sich die Mitarbeiter wie Kinder behandelt und reagieren auch so: mit Trotz.

Das obengenannte Beispiel ist sicherlich eingängig, und mit etwas gesundem Menschenverstand kommt jede Führungskraft von selbst auf diese „Weisheit". Woran liegt es dann, daß in vielen Unternehmen der Satz: „Weil die da oben es so wollen" im Sprachschatz der Führungskräfte zu finden ist? Dies hat mehrere Ursachen: Die Führungskraft weiß selbst nicht warum und hat bei ihrem Vorgesetzten nicht nachgefragt. Vielleicht hat sie gelernt, daß Fragen nicht erwünscht ist, oder man sollte sie „Peter" nennen, weil sie nach dem Peter-Prinzip so lange befördert wurde, bis sie den Grad ihrer Unfähigkeit endgültig erreicht hat.

Lawrence J. Peter hat sich in den siebziger Jahren dem Phänomen unfähiger Führungskräfte angenommen. Seine Ergebnisse gingen als das „Peter-Prinzip" um die Welt und lösten große Beachtung aus. Seine Kernaussage war:

48

„Jeder wird so lange befördert, bis er den Grad seiner Unfähigkeit erreicht hat!"

Peter stellte in seiner Untersuchung fest, daß sich viele heute unfähige Führungskräfte durch gute Leistungen in der Vergangenheit auszeichneten. Sie waren Mitarbeiter, deren Leistung von den Chefs und i.d.R. auch von Kollegen und Mitarbeitern anerkannt war. Mit dem Erreichen der nächsthöheren Hierarchiestufe jedoch hatten sie die Grenzen ihrer Leistungsfähigkeit und Belastbarkeit erreicht.

Ein Beispiel: Herr Schröder, seit Jahren einer der erfolgreichsten Außendienstmitarbeiter eines Unternehmens, zeichnet sich durch hohe Verkaufszahlen und einen guten Kontakt zu Kunden aus. Als die Stelle des Vertriebsleiters in seinem Unternehemen frei wird, bewirbt er sich und bekommt die Stelle auch. Schon nach kurzer Zeit bemerkt die Geschäftsleitung, daß Unruhe in der Außendienstmannschaft herrscht. Der Sache wird nachgegangen, und man stellt fest, daß Herr Schröder große Defizite im Umgang mit Mitarbeitern aufweist.

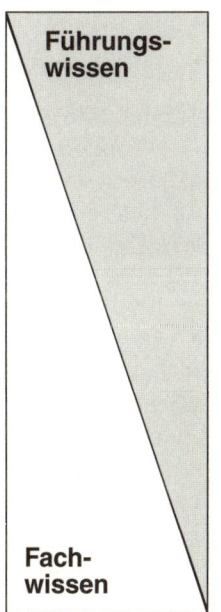

Führungswissen

Fachwissen

Das Problem von Herrn Schröder ist das Problem vieler Führungskräfte: Sie besitzen zwar ein großes Fachwissen, aber wenig oder kein Führungswissen. Je weiter man in der Hierarchie nach oben steigt, um so weniger Fachwissen- und um so mehr Führungswissen ist gefragt. Der Vorstandsvorsitzende eines international tätigen Automobilkonzerns muß nicht wissen, wie die Autos gebaut werden, aber er muß wissen, wie er das Unternehmen strategisch ausrichten will und wie er seine Mannschaft davon überzeugen und motivieren kann. Führungskräfte, die nie Zeit haben, gibt es in unseren Unternehmen viele. Deren Mitarbeiter fragen sich oft: „Warum läßt er dies oder jenes nicht uns machen?" Die Antwort ist oft einfach: **Der Chef tut das, was er kann – eben arbeiten und nicht führen.**

Ein weiterer Grund könnte die Tatsache sein, daß die Führungskraft bei der Frage „Warum?" nicht den

Wunsch nach Information sieht, sondern eher die Aussage hört „Ich will nicht" und dies schon für den ersten Schritt zur „Palastrevolution" hält. Vielleicht sitzt die Führungskraft aber auch im **„PEB",** dem sogenannten **„Pensions-Erwartungs-Bunker"** – sprich, sie hat innerlich gekündigt und interessiert sich deshalb nicht dafür, warum Änderungen eingeführt werden.

In unseren Seminaren und bei unserer Beratungtätigkeit beklagen sich sehr viele Mitarbeiter darüber, daß sie in ihren Unternehmen zuwenig Informationen bekommen und sich über Veränderungen wie z.B. größere Kündigungen aus der Presse informieren müssen. Im privaten wie im beruflichen Bereich gilt immer noch die Regel, daß schlechte Nachrichten noch schlimmer werden, wenn wir sie von Dritten erfahren müssen.

Es gibt aber noch einen weiteren, ganz wichtigen Punkt, warum Informationen nicht weitergegeben werden. Man sagt „Wissen ist Macht", und viele haben das Gefühl, daß ihre Macht kleiner wird, wenn sie sie mit anderen teilen, deshalb gilt es diese Macht zu verteidigen und zu behüten.

Dieses Zurückhalten von kleinsten Informationen ist oft aber nichts als Wichtigtuerei. Wer Informationen vorenthält, will sich oft wichtig machen, und das haben nur die nötig, die es nicht sind. Wie die Kinder: „Ätsch, ich weiß etwas, was du nicht weißt!"

Im Zeitalter der Computer und der Elektronik hören wir gerade im Außendienst immer wieder den Begriff des „gläsernen Außendienstmitarbeiters". Laptop und Modem machen die Tätigkeit des Außendienstes immer transparenter. Zum einen wird diese neue Technik sicherlich zur Kontrolle des Außendienstes benutzt, zum anderen bietet die schnelle und vielfältige Information natürlich auch Möglichkeiten zur Rationalisierung und zur optimierten Planung. Es wird jedoch dem Außendienst nur schwer zu erklären sein, warum die Führung immer mehr Informationen abfordert, im Gegenzug aber nicht mehr Informationen zurückkommen.

Wenn Sie Informationen an Ihre Mitabeiter weitergeben, dann zeigen Sie ihnen damit, daß Sie sie für mündige Menschen halten und nicht für kleine Kinder. Gleichzeitig zeigen Sie Ihren Mitarbeitern auch, daß Sie Vertrauen zu ihnen haben. Sie werden sich wundern, wie sich Ihre Mitarbeiter verändern, wenn sie mit Informationen versorgt werden. Wenn ein Mitarbeiter versteht, warum er etwas machen soll, dann kann er die Arbeit mit viel mehr Elan vorantreiben, denn Informationen bewirken beim Mitarbeiter eins:

Er kann anfangen zu denken!

Wenn sich eine Aufgabe einmal nicht auf dem üblichen Weg lösen läßt, dann kann der Mitarbeiter über alternative Möglichkeiten nachdenken, wenn er auch Informationen über das Wieso und Weshalb hat. Hat er diese Informationen nicht, muß er zu Ihnen rennen, damit Sie denken. Das kostet Sie Zeit und frustriert Ihren Mitarbeiter, weil er nicht selbständig arbeiten kann. Vielen Vorgesetzten ist es auch lästig, mit denkenden Mitarbeitern konfrontiert zu werden, denn ein denkender Mitarbeiter erwartet, daß sich der Vorgesetzte mit seinen Ideen auseinandersetzt, ihm zuhört und versucht, die Vorschläge auch umzusetzen. Dafür haben viele Führungskräfte keine Zeit, weil sie sooo viel Arbeit haben. Diese Führungskräfte sollten sich einmal darauf besinnen, welches ihre eigentliche Aufgabe ist. Sind sie Sachbearbeiter de Luxe oder Führungskräfte? Wenn eine Führungskraft keine Zeit mehr für ihre Mitarbeiter hat, sollte sie einmal darüber nachdenken, was sie falsch macht.

Mangelnde Informationen, vielleicht noch gepaart mit dem Satz „Sie werden fürs Arbeiten und nicht fürs Denken bezahlt", führen zu Demotivation und oftmals zur inneren Kündigung. Der Mitarbeiter hört tatsächlich auf zu denken, und dann kommt es zu Situationen wie dieser: Ein Mann beobachtet zwei Arbeiter. Der eine gräbt Löcher am Straßenrand, und der andere schaufelt diese wieder zu. Dies geht eine ganze Weile so. Schließlich geht er zu den Arbeitern hin und fragt: „Was machen Sie hier eigentlich?" Darauf antwortet der eine: „Wir pflanzen Bäume!" „Wie, Sie pflanzen Bäume? Der eine gräbt ein Loch und der andere schaufelt es wieder zu." „Ja wissen Sie, der, der die Bäume pflanzt, der ist heute krank."

So übertrieben dieser Witz sicherlich ist, so beschreibt er doch recht gut, was geschieht, wenn Ihre Mitarbeiter tatsächlich aufhören zu denken. Haben Sie in Ihrer Praxis noch nicht erlebt, daß Menschen Dinge tun, bei denen Sie sich fragen: „Wie kann man nur so blöd sein?" und wenn Sie fragten, warum sie es denn nicht so oder so machen, zu hören bekamen: „Das hat uns niemand gesagt!" Vielleicht lag es daran, daß die Mitarbeiter erfahren haben, daß in diesem Unternehmen Denken nicht gefragt ist.

Informationen sind für den Außendienst auch deshalb besonders wichtig, weil für ihn die Informationsbeschaffung relativ schwierig ist. Muß ein Innendienstmitarbeiter nachfragen, braucht er nur eine Tür weiter zu gehen. Muß der Außendienst nachfragen, ist das mit weit mehr Aufwand und Kosten verbunden (Telefonzelle suchen, in die Zentrale fahren etc.). Abstimmungen beim Außendienst sind auf „kurzem Weg" meist nicht möglich.

Denken Sie, bevor Sie weiterlesen, einen Augenblick darüber nach, wie es in Ihrem Unternehmen mit der Information aussieht. Bekommen Sie und Ihre Mitarbeiter genügend Informationen? Wie sieht es denn mit der Motivation bei Ihnen aus, wenn Sie den Satz hören: „Weil die da oben das so wollen"?

 Wenn es bei Ihren Mitarbeitern oder in Ihrem Unternehmen Motivationsprobleme gibt, weil die Mitarbeiter, gerade auch im Außendienst, nicht richtig oder nicht genügend informiert werden, dann sollten Sie jetzt damit beginnen, etwas dagegen zu tun. Was wäre notwendig, um die Situation und damit die Motivation zu verbessern, und was können Sie tun, um dies zu erreichen?

3.2 Entscheidungsfindung

 Mitarbeiter über getroffene Entscheidungen zu informieren ist für die Motivation wichtig. Wie sieht es aber mit dem Einfluß der Entscheidungsfindung auf die Motivation der Mitarbeiter aus?

Wie werden denn in Ihrem Unternehmen Entscheidungen getroffen? Wir sind uns darüber im klaren, daß Sie jetzt denken: „Es kommt darauf an", aber worauf kommt es an? Machen Sie doch gleich einmal eine Bestandsaufnahme: Welche Entscheidungen werden von wem, wann und wie getroffen?

Art der Entscheidung	Wer trifft sie?	Wie werden sie getroffen?
_____	_____	_____
		_____
		_____
		_____
_____	_____	_____
		_____
		_____
		_____
_____	_____	_____
		_____
		_____
		_____
_____	_____	_____
		_____
		_____
		_____
_____	_____	_____
		_____
		_____
		_____

Wie wirkt sich denn die Art der Entscheidungsfindung auf die Stimmung im Hause aus? Welche Entscheidungswege wirken eher motivierend, welche eher demotivierend?

Es ist eine alte Weisheit, daß Mitarbeiter an der Umsetzung von Entscheidungen, an denen sie selbst beteiligt waren, stärker mitarbeiten als an Entscheidungen, die ihnen aufoktroyiert wurden. In unseren Seminaren hören wir immer wieder, daß Entscheidungen „von denen am grünen Tisch" getroffen werden. Gerade der Außendienst stellt sich häufig die Frage, warum sich das Unternehmen die Erfahrung der Mitarbeiter an der Kundenfront nicht stärker zunutze macht. Ein Außendienstmitarbeiter sagte letztens zu mir: „Die denken sich etwas aus, und wir sollen es dann umsetzen. Die Aktionen gehen sehr häufig am Markt und dem, was der Kunde will,vorbei. Jeder von unseren Außendienstmitarbeitern hätte ihnen das sagen können, aber uns fragt ja keiner. Da wird eine Unmenge an Zeit und Geld zum Fenster hinausgeworfen."

Fragen Sie Ihre Mitarbeiter nach deren Meinung, wenn Sie Entscheidungen treffen. Sie können auf ein großes Potential an Know-how und Kreativität zurückgreifen. Stellen Sie sich einmal vor, Sie wollen eine neue Vertriebsstrategie entwickeln. Das tun Sie im stillen Kämmerlein zusammen mit der Marketingabteilung, der Werbung und der Vertriebsleitung. Voll Stolz präsentieren Sie das Ergebnis auf der nächsten Außendiensttagung, und jetzt fängt Ihr Außendienst an zu „mäkeln". Schlagworte wie: „nicht umsetzbar", „nicht marktgerecht" usw. sind zu hören. Haben Sie dies oder so etwas Ähnliches schon einmal erlebt? Und wie hat das Projektteam dann reagiert? Haben Sie das Konzept geändert und sich überlegt, ob Sie beim nächsten Mal den Außendienst miteinbinden, oder hat man sich wieder einmal bestätigt, wie wenig kooperativ der Außendienst doch sei und daß es wieder einmal typisch war: „Erst einmal motzen"?

Wie schwer es ist, ein Konzept oder eine Idee gegen den Widerstand der Mitarbeiter zu implementieren, haben Sie sicher alle schon erlebt. Wenn im Projektteam aber Mitarbeiter vom Außendienst beteiligt waren und das Konzept mittragen, dann kann es dem Rest der Außendienstmannschaft auch besser nahegebracht werden, und die Akzeptanz ist von Anfang an höher. Wichtig ist jedoch eins: Setzen Sie die Mitarbeiter nicht als Alibi- oder Quotenfiguren ein. Nichts ist schlimmer, als jemanden um

54

seine Meinung zu fragen und diese dann einfach zu ignorieren. Solche Verhaltensweisen sprechen sich in der „Mannschaft" schnell herum und wirken kontraproduktiv.

Vor kurzer Zeit haben wir einem Unternehmen vorgeschlagen, seinen Außendienst in das Projektteam mit einzubinden, und man hat uns gesagt: „Was wollen Sie denn? Der Außendienst ist im Projektteam doch vertreten. Der Vertriebsleiter hat doch an dem Konzept mitgearbeitet!" Der Vertriebsleiter war ein sehr erfolgreicher Verkäufer, den man vor acht Jahren in die Vertriebsleitung geholt hatte, um von seinen Erfahrungen zu profitieren. Diese Entscheidung hat sich auch ausgezahlt, wie die Zahlen beweisen. Er ist mit Organisation, Planung und Führung des Außendienstes beschäftigt und schaltet sich immer wieder direkt in den Vertrieb ein, wenn es um spezielle Problemfälle oder die Key Accounts geht. In acht Jahren hat sich der Markt aber gewandelt. Der direkte Draht zum Markt ging, logischerweise, mit der Zeit verloren.

Daß dies die Meinung des Außendienstes ist, beweisen Bemerkungen wie „Wenn der schon von seiner Zeit redet. Da war die Situation doch eine ganz andere" oder „Der sollte heute mal draußen sein, dann würde er sehen, wie sich der Markt verändert hat". Die Tatsache, daß es in diesem Unternehmen Mitarbeiter gibt, die viel näher am Kunden sind als die Vertriebsleitung, schmälert in keinster Weise deren Leistung. Es zeigt doch vielmehr, daß sie in der Lage ist zu delegieren und sich auf ihre eigentliche Arbeit konzentrieren kann. Selbstverständlich muß die Vertriebsleitung über den Markt Bescheid wissen, aber den direkten Kontakt zum Kunden hat eben der Außendienst.

Wenn Sie Ihren Außendienst künftig stärker in die Entscheidungsfindung einbeziehen wollen, dann machen Sie sich klar, daß jede Veränderung Zeit braucht. Sie können auch keinen Marathonlauf durchhalten, ohne dafür trainiert zu haben. Wir möchten Ihnen eine Geschichte erzählen, die dies verdeutlicht: In einem Zoo lebte seit Jahren ein Bär. Da das Geld immer knapp war, hatte er einen relativ kleinen Käfig. Er lief immer an den Gitterstäben entlang von der rechten zur linken Käfigecke und zurück. Eines Tages fand sich ein Sponsor, der eine großes Freigehege finanzierte. Da der bisherige Käfig in das Konzept integriert werden sollte, baute man das neue Gehege um den alten Käfig herum. Endlich war der

Tag gekommen, an dem die Gitterstäbe des alten Käfigs weggenommen werden konnten und dem Bär das ganze Gehege zur Verfügung stand, doch jetzt geschah etwas Seltsames: Der Bär drehte weiterhin seine Runden vor den nicht mehr vorhandenen Gitterstäben. Erst nach einigen Stunden begann er damit, das neue Gehege zu inspizieren. Sein Gehirn hatte sich so auf die Situation eingestellt, daß es die nicht mehr vorhandenen Grenzen weiterhin anerkannte.

Was hat der Bär jetzt mit Ihrer Außendienstmannschaft zu tun? Wenn Ihrem Außendienst jahrelang Grenzen gesetzt wurden, weil er erkannte, daß seine Meinung nicht oder nur wenig gefragt war, dann könnte es sein, daß Sie die „Gitter" wegnehmen und der Außendienst weiterhin in seinen alten Grenzen seine „Runden dreht". Jeder Mensch ist anders. Die einen werden den neuen Anforderungen schneller gerecht werden als die anderen. Erwarten Sie aber nicht, daß sich der Außendienst schon beim ersten Mal vor Ideen und Kreativität überschlägt. Wenn Sie es schaffen, den Außendienst auf diese neue Gangart einzustellen, werden Sie überrascht sein, wie motiviert Ihr Außendienst neue Konzepte umsetzt.

3.3 Zielfindung

Die Umsatzziele führen, gerade im Außendienst, jedes Jahr aufs neue zu großen Diskussionen. Wenn wir uns einmal ansehen, wie die Zielfindung erfolgt, dann gibt es in der Praxis drei Varianten:

- Die Ziele werden von der Vertriebsleitung vorgegeben.
- Die Ziele werden in Gesprächen zwischen Vertriebsleitung und Außendienst vereinbart.
- Der Außendienst bestimmt seine Ziele selbst.

Wenn wir vorhin gesagt haben, daß sich die Mitarbeiter für die Umsetzung von Entscheidungen am stärksten einsetzen, wenn sie an der Entscheidungsfindung beteiligt werden, dann gilt dies auch für die Ziele: Wenn die Mitarbeiter an der Festlegung der Ziele beteiligt waren, dann werden sie auch stärker an der Erreichung dieser Ziele arbeiten.

Die Strategie, mit den Mitarbeitern Zielvereinbarungsgespräche zu führen, ist heute weit verbreitet. Sie ist unter dem Namen **Management by Objectives** (MbO) bekannt geworden.

Wie sieht es denn in der Unternehmenspraxis mit MbO aus? Von Januar bis März werden mit den Mitarbeitern die „Zielvereinbarungsgespräche" geführt. Nun gibt es zwei Möglichkeiten, die beide sehr unbefriedigend sind: Es könnte sein, daß es sich bei der Unternehmensleitung um Damen und Herren handelt, die von Wirtschaft keine Ahnung haben, denn wenn mit der Zielerarbeitung für das laufende Jahr erst im Januar begonnen wird, dann ist das Jahr schon ganz schön alt, bis die Ziele endlich feststehen. Die andere Möglichkeit ist die, daß die Unternehmens- und Vertriebsleitung die Zahlenplanung schon vorher abgeschlossen hat. Dann fragen wir uns, warum man diese Gespräche „Zielvereinbarungsgespräche" nennt und nicht „Zielbekanntgabe"!

Leider werden in vielen Unternehmen die Ziele noch autoritär vorgegeben. Es ist ja noch einigermaßen fair, wenn man diese Zahlen dann wenigstens Zielvorgaben nennt. Viele Unternehmen möchten sich aber den Touch des Kooperativen geben und nennen sie dann Zielvereinbarungen. Sehr motivierend für die Mitarbeiter. Wir haben uns gefragt, warum die meisten Führungskräfte nicken, wenn sie hören, daß Zielvereinbarung eine größere Motivation darstellt als Zielvorgabe, sich dann aber gegenteilig verhalten. Das Ergebnis war erschreckend. Viele Führungskräfte glauben, daß dieses Modell zwar richtig ist, daß man es mit ihren Mitarbeitern aber nicht realisieren kann, weil die Mitarbeiter die Ziele sowieso künstlich niedrig halten wollen, um leichter an Prämien zu kommen; weil die Mitarbeiter nicht beurteilen können, wie sich der Markt entwickelt usw.

Die „interessanteste" Theorie war diese: „Glauben Sie einem alten Hasen! Sie müssen den Mitarbeitern die Ziele so hoch stecken, daß sie sie gar nicht erreichen können, denn wenn sie sie erreichen, dann werden sie nur aufsässig und wollen mehr Geld!" Das Schlimme an der ganzen Geschichte ist, daß sich die Mitarbeiter dieses Herrn tatsächlich so verhalten werden. Daß der Glaube Berge versetzt, ist eine alte Weisheit, und dieser Herr wird alles daransetzen, seinen Glauben zu erfüllen. Sein Handeln und sein Umgang mit den Mitarbeitern werden sich danach ausrichten, ob er es merkt oder nicht.

Wie schätzen Sie denn Ihre Mitarbeiter ein? Halten Sie sie für verantwortungsbewußte und motivierte Menschen oder eher für grundsätzlich faul und demotiviert? Denken Sie einen Moment darüber nach und schreiben Sie einige Schlagworte auf, die Ihre Mitarbeiter am ehesten beschreiben. Sicherlich gibt es zwischen den einzelnen Unterschiede, aber gehen Sie einfach vom Durchschnitt aus.

_____

_____

_____

_____

_____

_____

Jetzt denken Sie einmal darüber nach, warum Ihre Mitarbeiter so sind, wie sie sind. Warum haben sie diese positiven bzw. negativen Eigenschaften? Liegt es daran, daß Ihr Vorgänger sie zu dem gemacht hat, was sie heute sind, und Sie nicht genug Zeit hatten, dies zu ändern? Oder sind Sie selbst daran beteiligt, daß Ihre Mitarbeiter gerade diese positiven bzw. negativen Eigenschaften haben? Vielleicht liegt es ja auch an der genetischen Veranlagung der Leute, daß sie sich so entwickelt haben. Man sagt ja, daß die meisten Führungskräfte ihr Spiegelbild einstellen, und weiter sagt man: *„Jeder hat die Mitarbeiter, die er verdient!"*

3.4 Mitarbeiterbeurteilung

Die Mitarbeiterbeurteilung wird mittlerweile in sehr vielen Unternehmen praktiziert. Sie reicht von einer regelmäßigen Beurteilung über Beurteilungen zu bestimmten Anlässen (Ende der Probezeit, Bewerbung auf neue Stelle etc.) bis hin zu sporadischen Gesprächen.

Die Frage, die sich hier stellt, ist: Trägt das Beurteilungswesen zur Motivation der Mitarbeiter bei? Dazu gibt es eine klare Antwort: Es kommt darauf an!

Die Beurteilung eines Mitarbeiters sollte diesem aufzeigen, wie er von seinem Vorgesetzten gesehen wird, wo er seine Stärken und wo er seine Schwächen sieht. Das Beurteilen von Mitarbeitern stellt eine Personalentwicklungsmaßnahme dar, d.h., die Beurteilung hat den Sinn, den Mitarbeiter zu fördern und ihm Entwicklungsmöglichkeiten aufzuzeigen. In vielen Unternehmen wird die turnusmäßige Beurteilung der Mitarbeiter von den Führungskräften als ein lästiges Übel angesehen. Das Beurteilungsgespräch hat den Charakter von Notengebung. Erleichtert wird dies noch durch eine Wertung der einzelnen Beurteilungsfaktoren von 1 bis 6 oder A bis F. Wenn in den Gesprächen dann noch angefangen wird, um die Wertung zu feilschen, dann hat die Beurteilung ihren Sinn endgültig verloren.

Ein turnusmäßiges Beurteilungssystem ist letztlich eine „Krücke", die den Führungskräften beim „Gehen" helfen soll. Eine Führungskraft, die ihre Führungsaufgabe ernst nimmt, braucht dieses System nämlich nicht. Gespräche, die dem Mitarbeiter Defizite und Stärken aufzeigen, finden im täglichen Alltag dann sowieso statt. Mit dem Beurteilungssystem werden schwächere Führungskräfte jedoch gezwungen, sich wenigstens alle zwei Jahre mit ihren Mitarbeitern zu beschäftigen.

Im Innendienst ist die Aufgabe der Mitarbeiterbeurteilung ja noch relativ leicht zu bewältigen, da die Führungskraft den Mitarbeiter beobachten kann. Sie sieht, wie schnell er arbeitet, wie gut die Ergebnisse sind, wie er sich in das Team einfindet usw. Im Außendienst wird dies wesentlich schwieriger, da der Außendienstmitarbeiter seine Arbeit „unbeaufsichtigt" und „fern vom Chef" erledigt. Die einzige Möglichkeit, die Leistung des Außendienstmitarbeiters zu beurteilen, liegt in dessen Umsatz und in evtl. Kundenreaktionen wie Beschwerden, Stornos und ähnlichem.

Wie würden Sie sich fühlen, wenn Ihre Arbeit von jemandem beurteilt würde, der diese nur von Zahlen her kennt? Würden Sie diesem Vorgesetzten zugestehen, eine Stärken-Schwächen-Analyse Ihrer Person zu erstellen? Schreiben Sie doch einfach drei Schlagworte auf, die Ihr Gefühl in einer solchen Situation beschreiben würden. Hören Sie beim Antworten auf Ihr Gefühl und nicht auf Ihren Kopf!

Wir wissen natürlich nicht, wie speziell Sie sich in dieser Situation fühlen, hier aber einige Antworten von Teilnehmern, denen wir diese Frage auch gestellt haben:

• Der hat keine Ahnung.
• Laß ihn nur reden.
• Dann soll er es doch selber machen.
• Resignation.

Motiviert wären diese Teilnehmer nach dem Gespräch sicherlich nicht gewesen. Was aber können wir tun, um diese Situation zu vermeiden? Vergessen Sie die schematisierten Beurteilungsbögen und fördern Sie Ihre Außendienstmitarbeiter im permanenten Dialog. Gehen Sie mit dem Mitarbeiter raus zum Kunden, beobachten Sie ihn und seine Vorgehensweise im Verkaufsgespräch. Modern wäre es jetzt zu sagen: Coachen Sie ihre Außendienstmitarbeiter. Wenn Sie sich das nicht zutrauen, dann lassen Sie diese Aufgabe einen „Feldtrainer" übernehmen. Bedenken Sie dabei aber, daß der „Feldtrainer" nicht Ihre Führungsaufgaben übernehmen kann. D.h., Sie sollten sich auch in diesen Prozeß einbinden.

Die Gefahr bei diesem sogenannten „Mitreisen" besteht immer darin, daß sich der Mitarbeiter nicht gefördert, sondern kontrolliert fühlt. Dies liegt zum Teil am Führungsstil. Karl Kälin und Peter Müri haben dies anhand von zwei Führungsstilen beschrieben.[1]

---

[1] Karl Kälin, Peter Müri (Hrsg.): Führen mit Kopf und Herz. Psychologie für Führungskräfte und Mitarbeiter, Ott Verlag 1988

Der alte 3-K-Stil der feudalen Epoche:
Kommandieren, Kontrollieren, Korrigieren

Die drei Leitbegriffe des feudalen Führungsverständnisses heißen: Kommandieren, Kontrollieren und Korrigieren. Sie stammen aus der militärischen Tradition und setzen die im Militär unumgängliche Gehorsamkeitskultur in Aktionsbegriffe um. Das Schwergewicht liegt auf der Ein- und Unterordnung und auf einer straffen Führung mit wenig und mit klar definiertem Handlungsspielraum.

„... Der Mitarbeiter wird als Schachfigur behandelt, die der Willkür des Spielers ausgeliefert ist. Er funktioniert als Manipulationsmasse ohne eigenes Denk- und Urteilsvermögen. Er soll primär nicht aus eigenem Antrieb handeln, sondern auf Weisung. Deshalb ist er von maßgeblicher Verantwortung und Kompetenz freizuhalten oder er ist unter Kontrolle zu setzen, wenn man ihm Verantwortung aufbürdet."

 Müri und Kälin formulieren die Gedanken, die hinter diesem 3-K-Stil stehen, sehr deutlich. Einige könnten jetzt denken, daß diese Art der Führung in unserer heutigen „modernen und aufgeklärten" Zeit nicht mehr anzutreffen sei. Lassen Sie uns doch einmal durchleuchten, wie es in Ihrem Unternehmen mit der Behandlung der Mitarbeiter und speziell des Außendienstes aussieht.

Welche Kompetenzen haben Ihre Mitarbeiter, wenn es um Preisgespräche und Reklamationen geht?

_____

_____

Welche Kontrollmechanismen gibt es in Ihrem Haus, und wie wird mit den Ergebnissen umgegangen? Folgt ein Gespräch, oder leiten sich daraus Handlungsanweisungen ab?

_____

_____

Wird in Ihrem Hause mit Zielvereinbarungen oder mit Zielvorgaben gearbeitet (bedenken Sie dabei die Aussagen, die wir über Zielvereinbarungen bereits getroffen haben)?

Vielleicht haben Sie einige Punkte endeckt, die auf den 3-K-Stil schließen lassen. Wir denken, daß wir nicht darüber diskutieren müssen, daß der 3-K-Stil nicht in die heutige Zeit paßt und der Mitarbeitermotivation kontraproduktiv entgegenwirkt. Müri und Kälin beschreiben jedoch einige Ausnahmen, in denen der 3-K-Stil auch heute noch seine Berechtigung hat: „Die Führungsexperten sind sich einig, daß die Begrenzung des Handlungsspielraumes nur dann angebracht ist, wenn das Unternehmen kurztreten muß, zum Beispiel in der Pionierphase, in einer wirtschaftlichen Krise, bei einschneidenden Umstrukturierungen oder anderen Notsituationen."

Wir möchten zu dem 3-K-Stil noch bemerken, daß es durchaus Mitarbeiter und Situationen geben kann, bei denen dieser Führungsstil angebracht und sinnvoll ist. Wichtig ist dabei allerdings, daß es sich bei der Anwendung um eine bewußte Entscheidung im Rahmen der situativen Führung handelt und nicht um ein prinzipielles und unserer Ansicht nach falsches Menschenbild.

Der 3-F-Stil der kooperativen Epoche: Fordern, Fördern, Feedbacken

Die Werthaltung des 3-F-Stils entspricht dem Menschenbild Y von McGregor (Der Mensch ist aktiv, leistungswillig und verantwortungsfähig) und findet seine idealste Ausprägung im Coaching von Spitzensportlern. „... Das **Fordern** geht von der Annahme aus, daß der Mitarbeiter zwar leistungsbereit und -fähig ist, aber eine Herausforderung durch Ziele benötigt, um die Aktivitäten in eine gemeinsame Richtung zu lenken."

Hier wären wir bei dem Thema: Motivation schaffen.

62

„Fördern folgt als Konsequenz aus der Herausforderung. Der Mitarbeiter muß befähigt werden, die Ziele selbständig zu erreichen. Fördern umfaßt alles, was der Fähigkeitsentwicklung dient: Information, Instruktion, Weiterbildung, Kompetenzerteilung, Zuweisung anspruchsvoller Aufgaben, Beförderung und Versetzung."

Diese Verhaltensweisen dienen dem Motivationserhalt.

„Feedbacken (eine neudeutsche Konstruktion aus Feedback erteilen, d.h. Eindruck über Leistung und Verhalten rückmelden) ergänzt notwendig das Führen mit Zielen. Eine **laufende** Standortrückmeldung über den Grad der Zielerfüllung aus der Sicht des Chefs ermöglicht dem Mitarbeiter, sein Verhalten optimal auf die Erwartungen und Anforderungen von oben abzustimmen. Im Feedback soll der Mitarbeiter nicht nur das Chefurteil erfahren, sondern auch, wie seine Leistung im Umfeld ankommt, wie man über seine Person denkt, wo er aneckt, kurz: wie er im Beziehungsnetz funktioniert."

Jetzt sind wir an dem Punkt, wo schematisierte Beurteilungen überflüssig werden.

Wir halten die Beurteilung der Mitarbeiter nach dem 3-F-Stil für wesentlich effizienter und motivierender als die herkömmlichen Beurteilungssysteme. Sie ist zeitnaher, kann dem jeweiligen Mitarbeiter und der jeweiligen Situation wesentlich besser angepaßt werden als vorgegebene Fragebogen, und sie zwingt die Führungskraft dazu, sich mit ihren Mitarbeitern auseinanderzusetzen.

Wie bereits erwähnt, sagen Müri und Kälin, daß der 3-F-Stil seine idealste Ausprägung beim Coaching von Spitzensportlern findet. Stellen Sie sich einmal vor, einer der Top-ten-Spieler beim Tennis kommt nach einem verlorenen Spiel zu seinem Trainer oder Coach. Der Tennisprofi erzählt ihm, er habe verloren und fragt ihn, was er machen soll, damit dies nicht mehr vorkommt. Der Trainer antwortet: „Du mußt dich halt mehr anstrengen und noch mehr trainieren."

Wenn wir uns diese Situation vorstellen, dann wirkt sie geradezu absurd.

Der Trainer macht zwei entscheidende Fehler:

- Er kann das Spiel nicht analysieren, weil er es nicht gesehen hat.
- Seine „Tips" zur Verbesserung des Spiels sind so unkonkret, daß der Spieler sie nicht umsetzen kann.

Sie werden sagen: „Das ist doch klar, warum schreiben die sowas Banales?" Wir wollen Ihnen sagen, warum. Wenn Sie schon lange im Außendienst und im Verkauf tätig sind, dann haben Sie sicherlich auch Phasen durchlebt, in denen es nicht so gut gelaufen ist. Haben Sie dann Aussagen zu hören bekommen wie: „Da müssen Sie sich halt mehr anstrengen und noch mehr Kunden besuchen" oder „Wir wissen ja, daß Sie verkaufen können, das geht schon wieder aufwärts"?

Wenn ja, dann können wir keinen Unterschied zu der Situation des Tennisprofis erkennen. Vor allem dann nicht, wenn Ihr Vorgesetzter das „Spiel nicht gesehen" hat bzw. nicht mit Ihnen beim Kunden war oder die Situation zumindest genau analysiert hat. Wie sollen Mitarbeiter Tips umsetzen, die so unkonkret sind? Feedbacken heißt, dem Mitarbeiter konkrete Tips zu geben und mit ihm zusammen seine Situation so zu erörtern, daß es ihm dann draußen an der „Front" hilft. „Geistreiche Sprüche" und Durchhalteparolen sind in aller Regel fehl am Platz.

Der 3-F-Stil ist unserer Meinung nach das beste „Beurteilungssystem", weil es dem Praktiker, und das sind ja Ihre Außendienstmitarbeiter, die optimale Betreuung und Hilfestellung bietet. Dieser Stil läßt sich allerdings nur mit fähigen und mündigen Führungskräften realisieren, die ihre Führungsaufgabe ernst nehmen.

Haben Sie diese Führungskräfte?

Wenn nicht, sollten Sie einmal darüber nachdenken, ob Sie lieber mit einem optimierten System oder mit schlechten Führungskräften zusammenarbeiten möchten. Vielleicht versuchen Sie es selbst einmal mit dem 3-F-Stil, um Ihre Führungskräfte zu denen zu machen, die Sie haben möchten.

3.5 Weiterbildung

Daß gut ausgebildete Mitarbeiter einer der größten Erfolgsfaktoren sind, haben die meisten Unternehmen erkannt. Ganze Abteilungen sind mit der Qualifikation der Mitarbeiter betraut. Sie nennen sich Personalentwicklung, Aus- und Weiterbildung usw. Der Vertrieb und somit auch der Außendienst gehören zu den am meisten geschulten Abteilungen der Unternehmen. Im Trainingsbereich ist sogar schon eine gewisse Seminarmüdigkeit zu erkennen.

Daß die fachliche Qualifikation ein wichtiger Erfolgsfaktor ist und die Mitarbeiter auf dem neuesten Stand sein müssen, ist schon lange anerkannt. Daß auch die verkäuferischen Qualifikationen geschult werden müssen, ist eine Erkenntnis, die noch nicht so alt ist und die auch noch nicht von allen Unternehmen mitgetragen wird. „Die meisten meiner Leute sind jetzt schon mehr als zehn Jahre im Außendienst, wenn die jetzt noch nicht verkaufen können, dann lernen sie es auch nicht mehr."

Sicher hat ein Außendienstmitarbeiter, der so lange dabei ist, verkäuferische Fähigkeiten, sonst hätte er sich nicht halten können. Wir wissen aber auch, daß nichts so gut ist, daß man es nicht noch verbessern könnte. Bleibt immer noch die Frage, ob einzelne Mitarbeiter wirklich verkaufen können.

Nehmen wir einmal das Beispiel Finanzdienstleistungen. Dieser Markt hat sich in den letzten Jahren grundlegend gewandelt. Er hat sich vom Verkäufer- zum Käufermarkt entwickelt. Immer dann, wenn sich der Markt wandelt, müssen sich auch die Mitarbeiter wandeln. Dies gilt in besonderem Maße für Mitarbeiter im Verkauf und im Außendienst, weil diese den direkten Kontakt zum Kunden halten müssen.

Im Finanzdienstleistungssektor muß man die Frage stellen, warum Strukturvertriebe mit Bauernfängermethoden und völlig unqualifizierten Mitarbeitern einen so starken Marktanteil gewinnen konnten. Die Frage stellt sich vor allem deshalb, weil in den Medien immer wieder vor diesen

Unternehmen gewarnt wird.[2] Was haben diese Unternehmen getan? Ganz einfach: Sie haben die Bedürfnisse des Kunden erkannt.

Die Banken haben diesen Trend lange Zeit verschlafen. Die Bezeichnung des „Bankbeamten" hatte durchaus seine Berechtigung, für einige trifft sie sicher auch heute noch zu. Wurde bei Banken in der Vergangenheit verkauft? Wohl weniger, zugeteilt wäre wohl eher der Ausdruck. „Kunde droht mit Abschluß" ist zu einem geflügelten Satz geworden. Wenn ich mich mit Bankmitarbeitern unterhalte und diese mir ganz stolz erzählen, daß sie diese Woche zwei Kunden zu Hause besucht haben, dann können Sie ahnen, wieweit es mit dem Bankaußendienst gediehen ist. Nur sehr langsam und sehr zäh werden in diesem Bereich die Kinderschuhe verlassen. Dies liegt zum einen daran, daß die Banken oft sehr große und bürokratische Einheiten sind, und zum anderen daran, daß sich eine über Jahrzehnte eingeschliffene Mentalität nicht über Nacht ändern läßt. Einige versuchen es. Vielleicht finden diese im zweiten Teil dieses Buches einen ersten Ansatzpunkt.

Ich kann einem Mitarbeiter nicht das Gehalt eines kleinen Beamten bezahlen und dafür einen Verkäufer haben wollen.

Wenn unsere Verkäufer und Außendienstmitarbeiter so viel vom Kunden und dem Verkaufen wissen, müßten wir einer Analyse doch gelassen entgegensehen. Der Spiegel hat eine solche Analyse durchgeführt.[3] Die Überschrift auf der Titelseite lautet: „STÖRENFRIED KUNDE – Vom König zum Bittsteller"! Wir möchten Ihnen hier nur einmal die Einleitung zu dem Artikel wiedergeben:

„MAUL HALTEN, ZAHLEN"

Mürrische Verkäufer, unzuverlässige Handwerker, pampige Kellner – viele Bedienstete im Service vergraulen die Kunden, statt ihnen mit Rat

---

[2] Uns ist natürlich klar, daß es auch seriöse Strukturvertriebe gibt. Wir halten es hier mit „Vorsicht Falle": Die Aussagen beziehen sich nur auf die schwarzen Schafe der Branche. Wenn Sie wissen möchten, welche dies sind, wenden Sie sich an eine Verbraucherschutzorganisation.

[3] Der Spiegel, 26/1994, Seite 68 bis 77

und Tat zur Seite zu stehen. Vor allem bei Reklamationen behandeln deutsche Firmen Konsumenten wie lästige Bittsteller. Unternehmensberater fordern radikales Umdenken.

Nachdem Sie dieses Buch gekauft haben, nehmen wir an, daß in Ihrem Unternehmen für den Verkauf der Außendienst zuständig ist. Wer ist denn in Ihrem Unternehmen für Reklamationen zuständig? Hat etwas mit der Bearbeitung nicht geklappt oder ist die Lieferung unpünktlich oder beschädigt – kommt nun der Außendienstmitarbeiter ins Haus, oder bekommt der Kunden von Ihrem Außendienstmitarbeiter die „kundenfreundliche" Auskunft: „Dafür ist unser Herr XYZ zuständig, ich gebe Ihnen einmal die Nummer"?

Wie war das doch noch gleich? „Bei uns steht der Kunde im Mittelpunkt – und damit allen im Weg!"

Können viele Verkäufer und Außendienstmitarbeiter nicht verkaufen, oder wollen sie es nicht? Lassen Sie uns diese Frage so beantworten: Sicherlich gibt es überall Menschen, die nicht wollen. Die Mehrheit der Verkäufer will und hat auch das **theoretische Wissen kognitiv** verarbeitet.

Wenn wir in unseren Feldtrainings mit den Außendienstmitarbeitern über Verkaufen sprechen, d.h. darüber, daß die Beziehungsebene sehr wichtig ist, daß eine gute Bedarfsanalyse die Grundlage eines guten und kundenorientierten Angebots ist oder daß die Kundennutzenargumentation eher zum Abschluß führt, dann bekommen wir oft zu hören: „Sie sind jetzt der dritte Trainer, der mir das erzählt." Wie sieht es dann im Verkaufsgespräch aus? Leider oft anders als in den Vorgesprächen. Sage- statt Fragetechnik, Bedarfsanalyse so gut wie gar nicht usw. usw. usw. Sicherlich gibt es viele Verkäufer, die diese Punkte gut und konsequent einsetzen, und gerade diese Mitarbeiter sind es, die einem neuen Impuls offen gegenübertreten.

Viele Verkäufer der Marke „Kenn' ich schon! Weiß ich schon! Mach' ich schon immer so!" gehören nicht zu den „Umsatzkanonen". Vielfach ist es die Angst vor dem Feldtrainer, in dem eher der Kontrolleur als der Helfer gesehen wird. Wir wundern uns immer wieder, wie häufig dieses flaue Gefühl bei gestandenen Außendienstmitarbeitern im Spiel ist, wenn ein Feldtrainer auftaucht. Fairerweise sei auch erwähnt, daß es auch sehr selbstbewußte Außendienstmitarbeiter gibt. Neulich sagte mir ein Außendienstmitarbeiter zur Begrüßung: „Na, dann gehen Sie heute mal mit mir mit, da können Sie bestimmt noch etwas lernen."

Wenn Weiterbildung in allen einschlägigen Untersuchungen als Motivationsfaktor genannt wird, dann sollten wir überlegen, wie die Motivationswirkung geschaffen und erhalten werden kann. Der bereits ausführlich erwähnte 3-F-Stil gibt die Antwort. Wenn Mitarbeiter erkennen, daß die Weiterbildung nach ihren Bedürfnissen ausgerichtet wird und Feldtrainingstage im Außendienst der Weiterentwicklung und nicht der Kontrolle dienen, dann wird gesteigerte Motivation erreicht – vorausgesetzt natürlich, daß die Weiterbildungsmaßnahmen qualitativ entsprechend ausgewählt wurden. Tips für die Praxis führen zu einer erfolgreichen Arbeit:

Nichts macht erfolgreicher als Erfolg, und nichts motiviert einen Mitarbeiter mehr als Erfolg!

3.6 Kontrolle

Obwohl wir den 3-K-Stil grundsätzlich ablehnen, sind wir uns doch darüber im klaren, daß ein gewisses Maß an Kontrolle unabdingbar, ja sogar ein wichtiges Führungsinstrument ist. In der Praxis zeigt sich jedoch, daß sich Kontrolle negativ auf die Motivation der Mitarbeiter auswirkt.

Warum ist dem so? Denken Sie doch einmal darüber nach, in welchen Situationen Sie in Ihrem Leben einer Kontrolle ausgesetzt wurden und welche Gefühle Sie dabei hatten.

Situationen, in denen Sie einer Kontrolle ausgesetzt waren	Welche Gefühle löste die Situation in Ihnen aus?
_____	_____
_____	_____
_____	_____
_____	_____
_____	_____
_____	_____
_____	_____

Versuche mit Testpersonen haben gezeigt, daß kaum eine Testperson positive Gefühle mit einer Situation verbinden konnte, in der sie kontrolliert wurde, sogar neutrale Gefühlsregungen waren eher die Ausnahme.[4]

Die Ursachen dafür, daß wir Kontrolle als etwas grundsätzlich Negatives empfinden, liegen wie so vieles schon in unserer Kindheit. Wir haben nämlich schon von Kindesbeinen an gelernt, daß Kontrolle immer mit negativen Konsequenzen verbunden ist. Wenn wir etwas nicht richtig gemacht haben, war Bestrafung die Folge. Hausarrest, Fernsehverbot, später schlechte Noten und noch später der Strafzettel usw., d.h., wir haben, wenn überhaupt, wenig gute Erfahrungen mit Kontrollmechanismen gemacht.

Kontrolle im Unternehmen sollte vorrangig der Weiterentwicklung der Mitarbeiter dienen. Gerade im Außendienst ist das besonders wichtig. Wenn Kontrollmechanismen bei einem Außendienstmitarbeiter Handlungsbedarf signalisieren, dann sollten die Konsequenzen Personalentwicklungsmaßnahmen sein und nicht Bestrafung oder Drohungen.

---

[4] Die von uns durchgeführten Versuche erheben nicht den Anspruch der repräsentativen Umfrage.

Immer dann, wenn ein Mitarbeiter mit Bestrafung als Ergebnis von Kontrolle rechnen muß, wird er versuchen, diese Kontrollmechanismen zu unterlaufen. Er wird wertvolle Energie und Zeit aufwenden, Fehler zu verschleiern oder zu vertuschen.

 Achten Sie darauf, daß Sie mit den Ergebnissen von Kontrollmechanismen so umgehen, daß der Mitarbeiter auch seinen Vorteil daraus erkennen kann. Nur dann wird er bereit sein, die Kontrollen zu akzeptieren und motiviert aus den Gesprächen, die Sie aufgrund der Kontrollergebnisse führen, herausgehen.

3.7 Teamarbeit

Außendienstmitarbeiter sind bei ihrer Arbeit größtenteils auf sich alleine gestellt und sind deshalb oft „Einzelkämpfer-Typen". Dies ist oft genau die Eigenschaft, die sie am Markt so erfolgreich macht. Mit Teamarbeit haben deshalb viele ihre Schwierigkeiten. Im Innendienst ist die Teamarbeit oftmals ein Motivationsfaktor, der Außendienst ist damit oft

 überfordert und deshalb eher frustriert als motiviert. Es kommt dabei natürlich darauf an, inwieweit Teamarbeit in der Vergangenheit bereits von Ihrem Außendienst gefordert wurde.

Denken Sie einmal darüber nach, welche Aufgaben Ihr Außendienst bisher im Team lösen mußte. Dabei sollten Sie auch Projektaufgaben bedenken, in der Ihr Außendienst bereits eingebunden war und ist.

_____

_____

_____

_____

Welche Aufgaben kommen in der Zukunft auf Ihren Außendienst zu, bei dem eine verstärkte Teamarbeit gefordert sein wird?

_____

_____

_____

_____

'

_____

Wenn wir darüber reden wollen, ob Teamarbeit für Ihren Außendienst ein Motivationsfaktor sein kann, dann müssen wir uns die Situation des typischen Außendienstmitarbeiters einmal bewußt machen:

Den ganzen Tag muß er mit den anfallenden Problemen selbst fertig werden. Ob Ärger beim Kunden, ein Tag mit schlechten Verkaufszahlen oder der simple Stau auf der Autobahn. Vieles häuft sich im Laufe eines solchen Tages an. Abends möchte er seine Familie nicht mit seinen beruflichen Problemen belasten, oder er sitzt in einem Hotelzimmer.

Die Tatsache, daß der Außendienstmitarbeiter mit allen Problemen alleine fertig werden muß, ist eine Ursache dafür, daß der Alkoholismus in dieser Berufssparte überdurchschnittlich hoch ist. Wenn der Außendienstmitarbeiter in ein Team eingebunden ist, hat er einige Ansprechpartner, mit denen er über berufliche Dinge sprechen kann. Sicherlich kann er sich mit seinen Kollegen auch austauschen, wenn diese nicht in Teams eingebunden sind, aber tut er dies auch?

Auch wenn Sie im Bereich Teamarbeit bei Ihrem Außendienst etwas verändern möchten, sollten Sie an die Geschichte mit unserem Bären denken: Veränderung braucht Zeit. Jeder Fortschritt bedeutet i.d.R. erst einmal eine Rückschritt. Stellen Sie sich jemanden vor, der seit zehn Jahren nach dem „Adler-such-System" Schreibmaschine schreibt (erst über den Tasten kreisen und dann zustoßen). Wir sind uns sicherlich einig darüber, daß er mit dem Zehnfingersystem effektiver schreiben könnte. Wenn dieser gute Mensch es jetzt damit versucht, wird er zunächst jedoch langsamer sein als mit der alten Methode. Nach und nach wird er sich an die alte Schreibgeschwindigkeit herantasten und zuletzt wesentlich schneller sein als vorher. Was er braucht, ist Zeit und Übung. So ist es auch, wenn Sie Aufgaben im Team lösen lassen wollen.

Achten Sie bei aller Teamarbeit darauf, daß sich nicht folgende Mentalität einschleicht:

Sind Sie einsam?

Sind Sie es leid, alleine zu arbeiten?
Hassen Sie es, Entscheidungen zu treffen?

Dann gehen Sie zu einer Besprechung!

Sie können dort :
... Leute treffen
... Flip-charts kreieren
... sich wichtig fühlen
... Ihre Kollegen beeindrucken
... Kaffee trinken

und das alles
während der Arbeitszeit!

Besprechungen,
... die praktische Alternative zur Arbeit!

3.8 Betriebsklima

Wenn wir davon ausgehen, daß der Mensch neun Stunden seines Tages mit Arbeiten, acht Stunden mit Freizeitaktivitäten und sieben Stunden mit Schlafen verbringt, können wir sehen, wie wichtig die Atmosphäre im Unternehmen ist. Wir haben Hochschulabgänger befragt, welche Kriterien für sie wichtig sind, wenn sie sich einen potentiellen Arbeitgeber ansehen. Dabei rangierte ein gutes Betriebsklima immer auf den vorderen Rängen.

Wie sieht es denn in Ihrem Unternehmen mit dem Betriebsklima aus? Vielleicht ist das Betriebsklima von Abteilung zu Abteilung unterschiedlich. Versuchen Sie doch einmal zu analysieren, welche drei Hauptfaktoren in Ihrem Hause einen eher positiven bzw. negativen Einfluß auf das Betriebsklima haben und warum das so ist.

Einflußfaktoren	Auswirkung	Ursache
_____	+/–	_____
		_____
		_____
		_____
_____	+/–	_____
		_____
		_____
		_____
_____	+/–	_____
		_____
		_____
		_____

Die Antworten können sehr vielschichtig sein: vom Konkurrenzdruck über die Teamzusammensetzung bis hin zur Führungskultur.

Vielleicht werden einige jetzt denken, daß das Betriebsklima für den Außendienst keine so wichtige Rolle spielt, weil er ja meistens „draußen" ist. Weit gefehlt! Gerade für den Außendienst ist ein gutes Betriebsklima wichtig. Der große räumliche Abstand zum Unternehmen macht die emotionale Bindung um so wichtiger.

Das wird klar, wenn wir das Verhältnis Außendienst – Unternehmen einmal anders betrachten: Bei dem Verhältnis von Außendienst zum Unternehmen handelt es sich um eine Partnerschaft; zwar um eine geschäftliche, aber dennoch um eine Partnerschaft. Alle Partnerschaften unterliegen ähnlichen Gesetzen. Wer nun behauptet, daß das Betriebsklima für den Außendienst nicht so wichtig ist, weil er viel unterwegs ist, der müßte dann auch behaupten, daß die emotionale Stabilität der „Außendienstehen" nicht so wichtig ist, weil ein Teil ja seltener da ist als in normalen Ehen. Diese Aussage wirkt schon beim Lesen absurd, denn eher das Gegenteil ist richtig: Wenn die Ehe oder private Partnerschaft eines Mitarbeiters im Außendienst dauerhaft Bestand haben soll, dann ist die Art, miteinander umzugehen, mindestens, und wir betonen mindestens, genauso wichtig wir bei allen anderen Partnerschaften. Das gleiche gilt für das Betriebsklima.

Henry Walter beschreibt den Stellenwert des Betriebsklimas in seinem Buch über das Thema Mobbing[5] sehr treffend:

„In einer Zeit, in der sich Marktvorteile von Unternehmen nicht mehr allein über technologische Neuerungen oder Produktinnovationen, sondern über zielgruppengerechte Kommunikationstechniken, Imagefaktoren und nicht zuletzt Kostensenkungen und Effizienz in der Produktion ergeben, ist die Qualität der Mitarbeiter zu einem wichtigen Erfolgsfaktor geworden.

[5] Henry Walter: Mobbing: Kleinkrieg am Arbeitsplatz, Frankfurt/Main; New York 1993

Vor dem Hintergrund dieser Entwicklung tritt die psychosoziale Befindlichkeit des einzelnen Angestellten in den Vordergrund. Der Mensch ist nicht mehr ein Rädchen im Getriebe, sondern jeder einzelne wird wichtig für den Unternehmenserfolg.

Jedes Unternehmen, das von den Mitarbeitern emotionale Stärke, Freundlichkeit und Souveränität im Auftreten gegenüber Kunden und Mitarbeitern erwartet und sich gleichzeitig nicht um Schaffung dieser psychischen Stabilität bemüht, handelt unverantwortlich. Und es schneidet sich ins eigene Fleisch.

Fehlzeiten, Kündigungen, mangelndes Engagement kosten Betriebe zusätzliches Geld, das sich im Etat ‚Personalkosten‘ versteckt und durch Gehaltskürzungen oder Arbeitsrationalisierung nicht aufgefangen werden kann. Im Gegenteil: Ein Unternehmen mit schlechtem Betriebsklima und schlechtem Lohn verliert auf dem Arbeitsmarkt fast völlig an Attraktivität. Wer qualifizierte und motivierte Mitarbeiter will, denkt um.“

Jeder, der sich auf dem Arbeitsmarkt schon einmal nach qualifiziertem Außendienstpersonal umsehen mußte, weiß, was eine hohe Fluktuation in diesem Bereich sowohl finanziell als auch qualitativ für ein Unternehmen bedeutet. Daß die Motivation eines Mitarbeiters, der sich bei seinem Unternehmen wohl fühlt, höher ist, liegt auf der Hand.

Was können Sie für die Verbesserung des Betriebsklimas tun?

Es ist selbstverständlich schwierig, zu diesem Thema eine allgemeingültige Aussage zu treffen. Ebenso könnten Sie einen Arzt anrufen und sagen: „Herr Doktor, mit meinem Allgemeinzustand steht es nicht zum Besten, was soll ich jetzt tun?“ Er könnte Ihnen ohne Untersuchung nicht weiterhelfen. Bei Problemen mit dem Betriebsklima könnten Sie einen externen Berater einschalten, der die Situation in Ihrem Unternehmen erst einmal analysiert und dann konkrete Maßnahmen vorschlägt, die eine Verbesserung des Betriebsklimas unterstützen können.

Wir möchten nur zwei Beispiele anführen, die häufig Ursache für ein schlechtes Betriebsklima sind:

Im Verhältnis der Außendienstmitarbeiter untereinander ist eine häufige Ursache der Konkurrenzkampf. Rennlisten und Incentive-Maßnahmen sind ein gerne genutztes Mittel, die Mitarbeiter anzuspornen. Es ist eine alte Weisheit, daß Konkurrenz das Geschäft belebt, es ist jedoch auch klar, daß permanente Vergleiche der Mitarbeiter untereinander die „guten Beziehungen" nicht unbedingt fördern.

 Denken Sie einmal darüber nach, welche vergleichenden Maßnahmen es in Ihrem Unternehmen gibt. Einige Beispiele wären namentlich gekennzeichnete Umsatzstatistiken, Incentive-Aktionen, namentliche Nennung von erfolgreichen Mitarbeitern auf Tagungen (Mitarbeiter des Monats) und vieles mehr. Überlegen Sie dann, ob diese Maßnahmen für die Gesamtheit des Außendienstes eher motivierend (+), eher neutral (0) oder eher demotivierend (–) wirken.

Vergleichende Maßnahmen   Wirkung

_____   + 0 –

_____   + 0 –

_____   + 0 –

_____   + 0 –

_____   + 0 –

Ein wichtiges Element für das Betriebsklima ist auch das Verhältnis zwischen Innen- und Außendienst. „Die da drinnen am grünen Tisch" und „Die da draußen, die immer glauben, wir springen sofort, wenn einer ruft", haben in vielen Unternehmen Probleme miteinander. Der Innendienst wirft dem Außendienst mangelndes Verständnis für dessen Situation vor und umgekehrt. Bei einigen unserer Kunden haben wir das Konzept der internen Kundenorientierung vorgeschlagen.

Interne Kundenorientierung

Hierbei handelt es sich um ein Modell, das ursprünglich im Zusammenhang mit dem „Total Quality Management" (TQM) entwickelt wurde.

Jeder Mitarbeiter und jedes Team im Unternehmen sieht sich als Dienstleistungsunternehmen innerhalb der Organisation. Die anderen Mitarbeiter werden als Kunden betrachtet und genauso behandelt. Sätze wie „Das geht jetzt nicht" oder „Das macht der Maier, der ist aber in Urlaub" sollten damit der Vergangenheit angehören. Wir sagen bewußt „sollten", da es auch Mitarbeiter gibt, die so mit den Kunden umgehen.

Bei dem Konzept der „internen Kundenorientierung" gibt es zwei Versionen: Bei der ersten Version wird die Idee, die hinter dem Konzept steckt, über die Unternehmensphilosophie vermittelt. Es ist Sache der Führungskräfte, dafür zu sorgen, daß die Denkweise sich im Unternehmen durchsetzt. Bei der zweiten Version werden die Abteilungen tatsächlich zu Unternehmen. Sie stehen als Profit Center in der Konkurrenz zu anderen Anbietern. Wenn die Abteilung Außendienst eine verkaufsfördernde Maßnahme plant, hat sie die Wahl, auf das Angebot und die Ideen der Marketingabteilung zurückzugreifen oder eine freie Agentur zu beauftragen.

Diese Idee erscheint Ihnen vielleicht widersprüchlich zu der Intention eines Unternehmens, nämlich Preis- und Know-how-Vorteile der eigenen Abteilungen zu nutzen. Es gibt aber keinen Widerspruch. Wenn die Ideen Ihrer Abteilung nicht überzeugen, dann haben Sie dort die falschen Leute beschäftigt, und wenn sich die Abteilung preislich als nicht konkurrenzfähig erweist, dann stellt sich für Sie die alte Frage des „Make or buy", d.h., Sie sollten sich dann Gedanken machen, warum Sie eine Abteilung aufrechterhalten, die teurer ist, als deren Leistungen von externer Stelle zuzukaufen. Sie sehen also, daß die interne Kundenorientierung auch eine Controllingfunktion ausübt und damit nicht gegen die Unternehmensziele arbeitet, sondern Hand in Hand mit denselben.

3.9 Daran sollten Sie denken

In der Praxis werden bei der Führung und der Motivation des Außendienstes noch viele Fehler gemacht. Besonders wenn es um Kosten geht, werden häufig „Motivationskiller" in Form von allzu peniblen Nachweisen geschaffen. Dies geschieht wohl in der Hauptsache deshalb, weil ein Nachweis über die Verwendung der Beträge in diesen Fällen am einfachsten erfolgen und daher auch gefordert werden kann. Dabei handelt es sich doch – gemessen an den Gesamtkosten – hierbei wirklich meist um die kleinsten Beträge.

Neben rein sachlichen Gründen (es gibt eben leider auch noch ein Finanzamt, welches bestimmte Nachweise fordert, ohne die die entstandenen Kosten nicht als Betriebsausgaben steuerlich absetzbar sind) spielen hier häufig auch rein menschliche Gründe eine Rolle.

Es geht wohl den meisten Menschen so, daß sie bei kleinen und kleinsten Beträgen sparsam, oft sogar richtiggehend geizig sind, während sie hohe Beträge wie selbstverständlich ausgeben. So fahren wir mitunter viele Kilometer mit dem Auto irgendwohin, nur weil wir dort einen bestimmten Artikel zehn DM billiger bekommen als im Laden um die Ecke. Wir bedenken dabei nicht, daß die Zeit- und Fahrtkosten ein Vielfaches von dem ersparten Betrag ausmachen.

Aber: Man kann alles „so oder auch so" machen!

Wie muß z.B. einem Außendienstmitarbeiter, der ständig eigenverantwortlich für seine Firma unterwegs ist und Aufträge im Wert von zig- oder gar hunderttausend und mehr Mark für seine Firma „hereinholt", wohl zumute sein, wenn er dann für jede einzelne Parkgebühr auf einem eigens dafür vorgesehenen Formular Betrag, Dauer, Ort und Grund angeben muß?

Dies ist kein erdachtes Beispiel, sondern wurde in einem bedeutenden deutschen Unternehmen als „neueste Errungenschaft" vor kurzem eingeführt!

Daß dies nicht gerade motivierend auf den Mitarbeiter im Außendienst wirkt, kann wohl unschwer nachempfunden werden. Zu den Aufgaben der Verkaufs- bzw. Vertriebsleitung zählen nicht nur die Zielvorgabe und die Erfolgskontrolle, sondern eben auch die Führung und Motivation der Außendienstmitarbeiter.

Wir sind der Meinung, daß man diese Tatsache nicht oft genug betonen kann. Auch und gerade in einer Zeit, in der alle Zeichen auf mehr Leistung, mehr Erfolg, mehr Umsatz, mehr Gewinn stehen, kommt der Motivation, den „Streicheleinheiten", eine enorme Bedeutung zu.

*Wenn wir in den wesentlichen Dingen Akzeptanz bekommen wollen, soll-
ten wir großzügig sein in Kleinigkeiten!*

Demotivation anderer Art betreibt ein anderes deutsches Unternehmen,
auf dessen „Steine Sie bauen" können: Wenn ein Verkaufsleiter in einem
Gebiet „zuviel" Umsatz macht, dann wird dieses Gebiet geteilt. Er bekommt den einen Teil, den anderen bekommen ein oder mehrere andere.
Er muß nun auf einem niedrigeren Niveau, auch einkommensmäßig, neu
beginnen und sich hocharbeiten. Der Verkaufsleiter erhält eine Ände-
rungskündigung, die kann er akzeptieren oder gehen.

Die Idee, die hinter dieser Maßnahme steckt, ist nicht so verkehrt: Wenn
der Kundenstamm bzw. der Umsatz eine gewisse Größe überschreitet,
kann er von einem alleine nicht mehr optimal bearbeitet und betreut werden. Wäre es denn nicht eine bessere Lösung, den Verkaufsleiter mehr
Mitarbeiter einstellen zu lassen, um von dem selbst aufgebauten Umsatz
weiter zu profitieren?

Wir hören jetzt schon die Rufe: „So stimmt das nicht" oder „Die Teilung
erfolgt immer in Absprache mit dem Verkaufsleiter". Sicher ist auf jeden
Fall, daß die direkten Konkurrenten dieses Unternehmens genau aus diesem Grund immer wieder gut ausgebildete Mitarbeiter „bekommen".
Warum wohl?

4. Grenzen der Motivation

Schon immer haben sich Leute darüber Gedanken gemacht, ob und inwieweit sich Menschen motivieren lassen. Bei der Motivation müssen wir zwei verschiedene Arten unterscheiden:

1. die **extrinsische** Motivation, also die von außen „aufgesetzte" Motivation, auch Fremdmotivation genannt, und
2. die **intrinsische** Motivation, also die von innen kommende Motivation, auch Eigenmotivation genannt.

Der Mensch kann nur zu 100% motiviert sein, auch wenn im allgemeinen Sprachgebrauch die Aussage „Ich bin zu 120% motiviert!" fällt. Wir können dann von der einfachen Formel ausgehen:

intrinsische Motivation + extrinsische Motivation = maximal 100%

Der menschliche Körper ist ein „Energiesparmechanismus", d.h., er wird wenig Anstrengung darauf verwenden, Eigenmotivation aufzubauen oder aufrechtzuerhalten, wenn er ohne Anstrengung durch extrinsische Motivation den gleichen Effekt erzielen kann. Was passieren kann, wenn man sich dieser Tatsache bewußt ist, zeigt folgende Geschichte aus dem Buch „Mythos Motivation" von Reinhard K. Sprenger[1]: „Ein alter Mann wurde täglich von den Nachbarskindern gehänselt und beschimpft. Eines Tages griff er zu einer List. Er bot den Kindern eine Mark an, wenn sie am nächsten Tag wiederkämen und ihre Beschimpfungen wiederholten. Die Kinder kamen, ärgerten ihn und holten sich dafür eine Mark ab. Und wieder versprach der alte Mann: ‚Wenn Ihr morgen wiederkommt, dann gebe ich euch 50 Pfennig.' Und wieder kamen die Kinder und beschimpften ihn gegen Bezahlung. Als der alte Mann sie aufforderte, ihn auch am nächsten Tag, diesmal allerdings für 20 Pfennig zu ärgern, empörten sich die Kinder: Für so wenig Geld wollten sie ihn nicht beschimpfen. Von da an hatte der alte Mann seine Ruhe."

---

[1] Reinhard K. Sprenger: Mythos Motivation. Wege aus einer Sackgasse, Frankfurt/Main; New York 1992

Was ist geschehen? Der alte Mann hat sich die Auswirkungen unserer „Motivationsformel" zunutze gemacht:

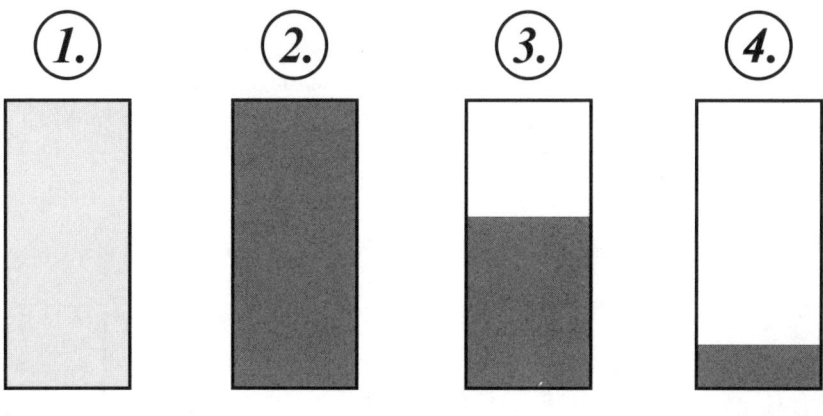

- ⬤ extrinsische Motivation
- ⬭ intrinsische Motivation

1. Die Kinder waren zunächst zu 100% intrinsisch motiviert. Sie ärgerten den alten Mann, weil es ihnen Freude machte.
2. Jetzt geht der alte Mann her und stellt extrinsische Motivation zur Verfügung. Der „Energiesparmechanismus" sieht keine Notwendigkeit mehr, die Motivation selbst zu „produzieren" und ersetzt die intrinsische durch die extrinsische Motivation. Die Kinder sind zu 100% fremdmotiviert.
3. Jetzt entdecken wir ein interessantes Phänomen: Wenn die Fremdmotivation abnimmt, füllt das Gehirn die entstehende Lücke nicht automatisch wieder mit Eigenmotivation auf. Die Motivation der Kinder ist somit geringer als bei 1. und 2., sie reicht aber immer noch aus, um wiederzukommen und den Mann zu ärgern.
4. Jetzt ist der Punkt gekommen, an dem die Fremdmotivation der Kinder nicht mehr ausreicht, sie zum Wiederkommen zu bewegen. Da das Gehirn die fehlende Motivation nicht automatisch ersetzt, hat der alte Mann seine Ruhe wieder.

Sicherlich ist dies nur eine Geschichte. Daß der gleiche Effekt in der Arbeitspraxis ebenfalls entsteht, beweist folgendes Beispiel: Eine deutsche

Großbank schloß eine Kooperation mit einer Versicherung. Die Unternehmensleitung beschloß, die Hälfte der Provision an den jeweiligen Mitarbeiter weiterzugeben, der die Versicherung verkauft hatte. Eines der Ziele dabei war, die Mitarbeiter dazu zu bewegen, nach der eigentlichen Arbeitszeit „ein wenig Außendienst" zu machen. Dies war ein beträchtlicher Motivationsschub, da bei den Großbanken eine Provisionierung des Verkaufs völlig neu war. Bisher mußten sich die Mitarbeiter nämlich selbst dazu motivieren, Versicherungen zu verkaufen. Die Eigenmotivation war jedoch nicht bei allen gleich hoch. Die Situation stellte sich ungefähr so dar:

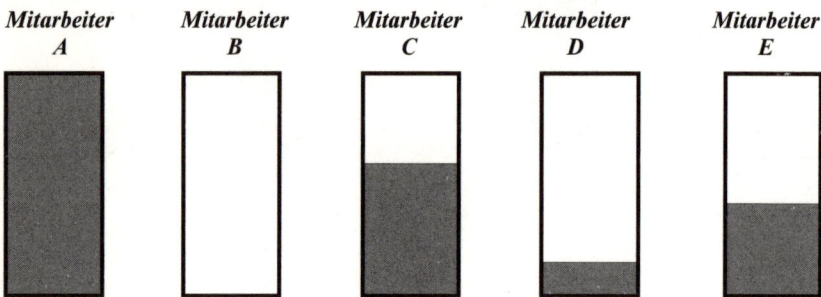

Das Angebot an Fremdmotivation allerdings war für alle gleich groß: 50% der Provision. Was ist geschehen? Nehmen wir einmal an, diese 50% der Provision stellten ca. 70% der möglichen Motivation dar:

Bei einigen Mitarbeitern hatte diese Aktion eine große Motivationswirkung, weil sie vorher nicht bzw. kaum motiviert waren. Bei einigen hat diese Aktion nichts gebracht, da sie auch ohne diesen zusätzlichen Anreiz verkauft hätten.

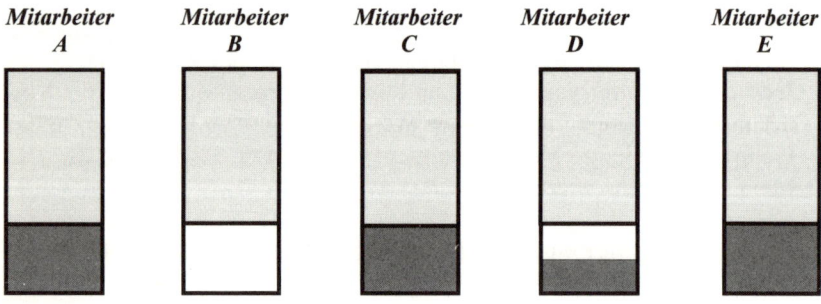

Nun hat man bei dieser Großbank eines festgestellt: Die Mitarbeiter verkauften mit sehr großem Erfolg Versicherungen. Es dauerte einige Zeit, bis man bemerkte, daß die Mitarbeiter versuchten, fast immer Versicherungen zu verkaufen und der Verkauf der anderen Bankprodukte darunter litt. Natürlich wird jeder denkende Mensch lieber etwas verkaufen, was ihm einen Zusatznutzen bringt statt etwas, was ihm nichts bringt.

Als Konsequenz daraus nahm man die Provisionsteilung wieder zurück, d.h., die Mitarbeiter mußten die Versicherungen wie früher wieder ohne zusätzlichen Anreiz verkaufen.

Nun konnte man den gleichen Effekt beobachten wie bei den Kindern und dem alten Mann: Die generelle Aussage war: „Wenn wir nichts mehr dafür bekommen, dann verkaufen wir auch nichts mehr." Die Motivationssituation der Mitarbeiter stellte sich jetzt nämlich wie folgt dar:

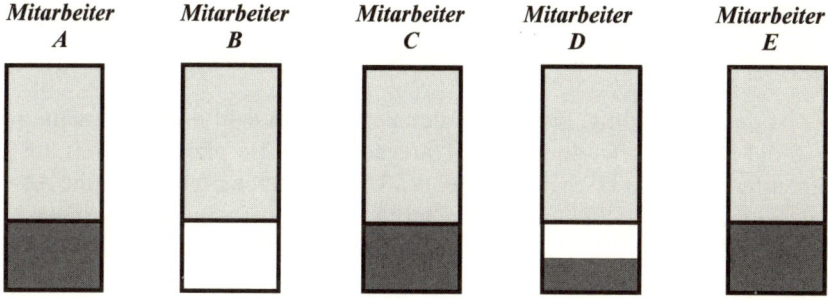

Die 70% Fremdmotivation fielen weg, und mehr als 30% Eigenmotivation war nicht mehr vorhanden, d.h., die Arbeit wurde nun von einem wesentlich niedrigeren Motivationsplateau aus wieder aufgenommen.

Bei den vorher wenig oder nicht motivierten Mitarbeitern war kein großer Schaden entstanden, da diese von ihrem vorherigen Niveau aus starteten. Bei den anfangs stark motivierten Mitarbeitern jedoch waren die Auswirkungen wesentlich größer. Bei dieser Bank war viel Druck und viel Motivationsaufwand notwendig, damit der Absatz sich wieder auf einem normalen Niveau einpendelte.

Dies ist das Kernproblem bei der Motivation: Bei schwach motivierten Mitarbeitern ist ein wesentlich größerer Zusatzeffekt mit Motivationsmaßnahmen zu bewirken, als eine Steigerung bei bereits hochmotivierten Mitarbeitern zu erzielen ist. Jetzt können wir die motivierten Mitarbeiter dafür aber nicht bestrafen, indem wir den schwächeren zusätzliche Anreize bieten, die wir den hochmotivierten vorenthalten, um deren Eigenmotivation nicht zu zerstören. Dieses Problem läßt sich global auch nicht lösen. Es kommt immer auf den ganz speziellen Einzelfall an, wie man mit dieser Problematik und den einzelnen Mitarbeitern umgeht, um dieser „Motivationsfalle" zu entgehen. Dieses Problem stellt sich im Außendienst besonders stark, da viele Unternehmen stark mit Incentives arbeiten. Incentives haben sicherlich ihren Effekt, aber denken Sie vor ihrem Einsatz an den Mann und die Kinder.

Motivation ist immer eine Frage der Bedürfnisbefriedigung. Je mehr Bedürfnisse des Mitarbeiters bereits von dritten Stellen befriedigt sind, um so schwerer wird es sein, diesen Menschen zu motivieren. Motivation wird immer dann an ihre Grenzen geraten, wenn die Ziele des Motivierenden sich stark von den Zielen des zu Motivierenden unterscheiden.

Es ist deshalb wichtig, bereits bei der Personalauswahl darauf zu achten, daß die Mitarbeiterziele und die Unternehmensziele nicht allzuweit auseinanderliegen. So können das Ziel des Unternehmens, nämlich hohe Absatzzahlen zu erreichen, und das Ziel des Außendienstmitarbeiters nach Anerkennung eine sinnvolle, für beide Seiten gewinnbringende Symbiose bilden.

Reinhard K. Sprenger gibt in seinem Buch auch zu bedenken, daß Motivation auch als Doping wirken kann. Wer durch Aktionen und Incentive-Angebote permanent zu Höchstleistungen animiert wird, wird irgendwann die körperlichen und seelischen Konsequenzen tragen müssen. Genau wie das Doping im Sport früher oder später seine gesundheitlichen Folgen beim Sportler hinterläßt, hinterlassen auch permanente Höchstleistungen ihre Spuren beim Außendienst. Anspannung und Ruhe müssen sich abwechseln.

Wir vergleichen die Motivationsmaßnahmen gerne mit dem Verfahren in der Währungspolitik: Innerhalb einer festgelegten Bandbreite kann der

Wert einer Währung sich frei bewegen, das sogenannte Floating. Droht die Währung jedoch die festgelegten Grenzen nach oben oder unten zu durchbrechen, werden die jeweiligen Zentralbanken intervenieren. Legen Sie eine solche Bandbreite für Ihre Mitarbeiter fest. Man kann nicht jeden Tag Höchstleistungen bringen; solange die Leistung des Mitarbeiters jedoch innerhalb einer gewissen Grenze schwankt, ist das völlig in Ordnung. Denken Sie daran:

Nur ein durchschnittlicher Mensch ist immer in seiner besten Verfassung.

5. Über die Möglichkeiten, sich selbst zu motivieren

Wenn wir über die Motivationsmöglichkeiten von Menschen sprechen, dann ist die Frage „Wie kann ich mich selbst motivieren?" unumgänglich. In der Biologie gibt es den Begriff der „Homöostase". Dieser Fachbegriff beschreibt das Bestreben von lebenden Organismen zur dynamischen Aufrechterhaltung des Gleichgewichtes oder der Balance. Das Ziel aller Organismen ist es, einen dauerhaften Zustand anzustreben. Wenn ein Regelsystem eine Veränderung des Gleichgewichts bemerkt, so werden Maßnahmen eingeleitet, die das alte Gleichgewicht wieder herstellen und zur Balance führen.

Wenn dies eine biologische Notwendigkeit ist, dann müßte unser Körper doch auch für ein ausgeglichenes Motivationsniveau sorgen, dann dürfte es keine Probleme mit der Eigenmotivation geben. Ein Selbstmotivationsprogramm[1] beschreibt erfolgreiche Eigenmotivation etwas „theatralisch" so:

„Ob Ihnen Ihr Erfolg den Beifall der ganzen Welt bringt, die Anerkennung eines kleinen Freundeskreises oder die mehr nach innen gerichtete Freude am Leben, in jedem Falle spielt die persönliche Motivation eine lebenswichtige Rolle. Erfolgreiche Leute werden von einer begeisternden Unrast beherrscht, die sie dazu zwingt, über sich selbst und ihre Verhältnisse hinauszuwachsen, um höhere, erstrebenswerte Ziele anzustreben. Sie empfinden eine konstruktive Unzufriedenheit mit dem jetzigen Zustand ihres Lebens und bemühen sich ständig, es zu verbessern. **Sie beklagen sich nicht, sie tun etwas. Sie bedauern nicht, sie handeln. Sie jammern nicht, sie machen sich auf den Weg. Das ist persönliche Motivation!"**

Gerade im Außendienst ist die Eigenmotivation der Mitarbeiter eine große „Entlastung" für die Führungskräfte. Da Sie Ihre Mitarbeiter schon aufgrund der räumlichen Distanz nicht ständig motivieren können, sind

---

[1] „Dynamik der persönlichen Motivation", vertrieben durch Success Motivation International Inc., Waco, Texas, USA.

intrinsisch motivierte Mitarbeiter ein großer Aktivposten für eine Außendienstorganisation.

Eigenmotivation ist nur dann möglich, wenn die Energie **ZIEL**gerichtet einsetzt wird, d.h., wenn man es schafft, immer neuen Antrieb für eine Sache zu mobilisieren. Wir möchten Ihnen im Folgenden eine Anleitung zur Eigenmotivation geben. Es wird Ihnen vermutlich schon öfter passiert sein, daß einer Ihrer Mitarbeiter die nötige Eigenmotivation vermissen läßt. Arbeiten Sie das folgende Kapitel erst einmal selbst durch. Wir werden uns dabei sowohl mit dem privaten als auch mit dem beruflichen Bereich beschäftigen. Als Coach Ihrer Mitarbeiter können Sie das folgende Motivationskonzept dann gut einsetzten. Bevor Sie die nächsten Seiten durcharbeiten, sollten Sie diese zuerst kopieren, dann stehen Ihnen für die Unterstützung Ihrer Mitarbeiter gleich die nötigen leeren Fragebögen und Info-Seiten zur Verfügung.

Erstellen Sie Ihr eigenes Motivationskonzept

Wenn wir nochmal an die Motivkette von Vera F. Birkenbihl denken, dann sehen wir, daß unser Handeln sich aus drei Komponenten zusammensetzt:

Ich habe ein Motiv, deshalb verhalte ich mich auf eine bestimmte Art, um ein Ziel zu erreichen. Genausowenig wie ein Auto ohne Motor fährt, verhält sich der Mensch ohne Motiv. Wenn wir uns aber motivieren wollen, dann müssen wir auch wissen wofür. D.h., wir müssen uns zunächst einmal Gedanken darüber machen, welches unsere Ziele sind.

Überlegen Sie sich bitte jeweils zwei Ziele, die Sie im beruflichen bzw. privaten Bereich anstreben. Bedenken Sie dabei, wie Ziele aussehen müssen:

- *Schriftlich*

  Die Tatsache, daß Sie ein Ziel schriftlich festhalten, zwingt Sie dazu, es auszuformulieren. Wie heißt es schon in Goethes Faust: „…denn was du schwarz auf weiß besitzt, kannst du getrost nach Hause tragen!"

- *Zeitbezug herstellen*

  „Irgendwann werde ich einmal …" ist eine Aussage, die wir oft treffen. Sie ist so herrlich unverbindlich, daß wir immer ein Alibi dafür haben, noch nichts getan zu haben.

- *Positiv formuliert*

  Wenn Sie jemanden fragen, wohin er in den Urlaub fährt, und er antwortet: „Nicht nach Australien", dann wissen Sie immer noch nicht, wohin er fährt. Wenn Sie sagen, was Sie nicht wollen, dann haben Sie sich ebenfalls noch nicht klargemacht, was Sie eigentlich wollen.

- *Konkret*

  Je genauer Sie Ihre Ziele formulieren, um so genauer wissen Sie auch, was jetzt zu tun ist. Wenn ich mit jemandem lediglich vereinbare, daß wir uns zu einem bestimmten Termin in Berlin treffen, dann wartet er vielleicht am Brandenburger Tor, während ich vor dem Café Kranzler stehe, und das passiert nur, weil unsere Vereinbarung zu unkonkret war.

- *Gegenwartsform*

  Beschreiben Sie Ihr Ziel so, als hätten Sie es bereits erreicht. Vera F. Birkenbihl, von der auch die Motivkette stammt, sagt immer: „Wer sagt ,ich will…', dem können Sie auf den Grabstein schreiben ,…aber er hat gewollt'." Wenn Sie Ihr Ziel in der Gegenwartsform formulieren, erleichtern Sie Ihrem Unterbewußtsein die Vorstellung, und nur was ich mir vorstellen kann, kann ich auch erreichen.

Wir möchten Ihnen ein Beispiel geben: „Ich werde demnächst keine Schokolade essen" ist genaugenommen kein umsetzbares Ziel. Wann ist demnächst, was werden Sie statt dessen essen? Richtig müßte es eher heißen: „Ich esse heute anstatt Schokolade einen Apfel." Denken Sie daran, wenn Sie jetzt Ihre Ziele formulieren.

1. privates Ziel:

_____

_____

_____

2. privates Ziel:

_____

_____

_____

1. berufliches Ziel:

_____

_____

_____

2. berufliches Ziel:

_____

_____

_____

Unterziehen Sie jedes Ziel den folgenden Fragen (Aus Platzgründen werden wir nur Raum für ein Ziel lassen. Kopieren Sie sich den Fragebogen, bevor Sie anfangen, damit Sie ihn auch für die anderen Ziele verwenden können.):

1. Was versprechen Sie sich davon, wenn Sie dieses Ziel erreicht haben (z.B. Anerkennung, Ausgeglichenheit, Sicherheit usw.)?

_____

_____

_____

2. Steht mein Ziel in Konflikt zu einem anderen Ziel (z.B. Karriere/Zeit für Familie)?

        O ja   O nein

3. Wenn ja, wie könnte ich den Konflikt vermeiden bzw. entschärfen? Wenn das nicht geht, welches Ziel hat im Moment die höhere Priorität?

_____

_____

_____

4. Welche Hindernisse könnten bei meinem Weg zur Zielerreichung auftreten?

_____

_____

_____

5. Wie kann ich diese Hindernisse vermeiden bzw. wie kann ich sie beseitigen?

_____

_____

_____

Um die Eigenmotivation für die Ziele aufrechtzuerhalten, können Sie einige Dinge tun:

Machen Sie sich immer wieder klar, welches Ihr Ziel ist!

Schreiben Sie Ihr Ziel auf einen Zettel und deponieren Sie ihn an einer Stelle, wo Sie ihn mindestens zweimal täglich sehen müssen (z.b. am Badspiegel oder in der Brieftasche). Wenn Sie sich immer wieder bewußt machen, welches Ihr Ziel ist, dann verlieren Sie es auch nicht aus den Augen. Man sagt: **Interesse steuert Wahrnehmung.** Wenn Sie beschließen, ein neues Auto zu kaufen, dann werden Sie bemerken, wie viele Autos „Ihrer" Marke auf der Straße fahren. Vorher wurde Ihnen das gar nicht bewußt. Warum? Weil Ihr Gehirn diese Information als nicht wichtig eingestuft hat und Sie die Autos zwar gesehen, aber nicht wahrgenommen haben. So wird es auch mit Informationen und Gelegenheiten sein, die Sie Ihrem Ziel näherbringen. Ihr Gehirn wird Artikel, Fernsehsendungen und Informationen, die für die Zielerreichung hilfreich sind, als wichtig einstufen, und Sie werden diese wahrnehmen. Dies kann aber nur funktionieren, wenn Sie Ihrem Gehirn immer wieder klarmachen, welches Ihr Ziel ist. Arbeiten Sie nicht nach dem Motto: „Als wir das Ziel aus den Augen verloren hatten, verdoppelten wir unsere Anstrengungen!"

Planen Sie die nächsten Schritte!

Große Ziele brauchen viel Zeit. Zur Motivation gehören aber auch Erfolgserlebnisse. Verschaffen Sie sich diese Erfolgserlebnisse, indem Sie langfristige Ziele in zeitlich näherliegende Teilziele untergliedern. Wenn es beispielsweise Ihr Ziel wäre, Ihren Umsatz bis in fünf Jahren zu verdoppeln, dann setzen Sie sich Teilziele: im ersten Jahr plus 5%, im zweiten Jahr plus 15%, im dritten Jahr plus…. Wenn Sie diese Teilziele erstellt haben, dann überlegen Sie sich konkrete Schritte, die Sie Ihrem Ziel näherbringen. Z.B. täglich zwei Nichtkunden anrufen oder täglich drei neue Referenzadressen erfragen usw.

Überprüfen Sie in regelmäßigen Abständen Ihre Ziele!

Beim Schreiben dieses Kapitels haben wir uns Gedanken darüber gemacht, wie sich unsere Ziele verändert haben. Wir mußten teilweise schmunzeln, welche Ziele wir mit 20 verfolgt haben. Der Mensch entwickelt sich weiter, und damit verändern sich auch die Dinge, die er für wichtig erachtet, und damit seine Ziele. Wenn Ihnen die Motivation für ein Ziel fehlt, dann sollten Sie darüber nachdenken, woran das liegt. Es könnte sein, daß das Ziel für Sie nicht mehr erstrebenswert scheint. Dann sollten Sie das Ziel ändern. Ein Ziel- und Wertesystem ist kein auf die Ewigkeit ausgerichtetes Dogma, sondern eine dynamische Größe, die es von Zeit zu Zeit zu korrigieren gilt.

Kontrollieren Sie sich selbst!

Wenn Sie abnehmen möchten und sich nicht immer wieder auf eine Waage stellen, woher sollen Sie dann wissen, ob Ihre Bemühungen erfolgreich waren? Genauso ist es mit allen anderen Zielen auch: Nur wenn Sie sich selbst kontrollieren, haben Sie auch eine Möglichkeit, den Grad der Zielerreichung einzuschätzen. Sie merken, wenn Sie Ihr Verhalten korrigieren müssen, und Sie haben die Erfolgserlebnisse, von denen wir bereits gesprochen haben.

Legen Sie sich eine Checkliste an (Ihr Zeitplanbuch eignet sich dafür hervorragend), in der Sie die Schritte und Aktionen planen. Nehmen Sie sich am Wochenende jeweils eine Viertelstunde Zeit und beantworten Sie sich folgende vier Fragen schriftlich:

1. Was werde ich in der kommenden Woche tun, um meinem Ziel XYZ einen Schritt näherzukommen?
2. Wer oder was kann mir dabei helfen?
3. Habe ich meine Vorsätze von letzter Woche eingehalten?
4. Wenn nicht, was hat mich daran gehindert?

Nehmen Sie sich nicht zuviel vor! Ein oder zwei umgesetzte Aktivitäten sind mehr als fünf geplante und nicht realisierte. Haben Sie ruhig auch den Mut, einmal nichts zu planen, weil Sie in dieser Woche keine Zeit oder weil andere Dinge im Moment Priorität haben.

Belohnen Sie sich für Ihren „Einsatz"!

Jeder von uns weiß, wie wichtig Lob und Anerkennung für die Motivation von Mitarbeitern sind. Das gleiche gilt natürlich auch für Sie selbst. Machen Sie sich Gedanken darüber, womit Sie sich belohnen können, wenn Sie Ihr Ziel bzw. ein Teilziel erreicht haben. Die Belohnung sollte etwas sein, was Sie sich sonst nicht gönnen, damit auch eine gewisse Anreizfunktion von ihm ausgeht. Wenn Sie sowieso jedes Wochenende mit Ihrer Frau oder Ihrem Mann essen gehen, dann stellt „ein Esssen mit meinem Partner" nur dann einen Anreiz dar, wenn Sie etwas Besonderes daraus machen.

Ziel: _____

_____

_____

Teilziel: _____ Belohnung: _____

_____ _____

Teilziel: _____ Belohnung: _____

_____ _____

Teilziel: _____ Belohnung: _____

_____ _____

Teilziel: _____ Belohnung: _____

_____ _____

Sprechen Sie mit anderen über Ihre Ziele, z.B. mit Ihrem Partner. Dadurch, daß Sie über Ihre Ziele sprechen, haben Sie eine immer konkretere Vorstellung davon, das wird Ihnen zusätzlich noch einen „Motivationsschub" geben. Auch über berufliche Ziele sollten Sie mit Ihrem Partner sprechen. Die Aussage „Beruf und Privatleben trenne ich strikt; zu Hause erzähle ich so gut wie nichts über meinen Job" hören wir immer wieder. Gerade der Außendienstmitarbeiter, dessen private Zeit sowieso begrenzt ist, neigt zu dieser Trennung. Lassen Sie Ihren Partner auch am beruflichen Teil Ihres Lebens teilhaben. Er wird dadurch oft mit mehr Verständnis reagieren und Ihnen häufig auch den nötigen Ansporn und die nötige Motivation zur Erreichung beruflicher Ziele geben, ohne dabei Leistungsdruck auszuüben.

Die Eigenmotivation scheitert zumeist an der Einstellung: „Ja, das sollte man einmal machen!" Nur wenn Sie vorgeschlagene Ideen tatsächlich umsetzen, kann dies Ihre Eigenmotivation beeinflussen. Wollen alleine reicht hier wie so oft nicht aus. Dies sollten Sie sich klarmachen, wenn Sie dieses Konzept einem Ihrer Außendienstmitarbeiter empfehlen. Es ist schon eine Unterstützung, wenn Sie den Mitarbeiter darauf ansprechen, wie er mit diesem Konzept arbeitet, welche beruflichen Ziele er gerade verfolgt, welche konkreten Schritte er geplant hat usw.

Teil II
Entlohnungssysteme im Außendienst

6. Was erwarten wir von einem Entlohnungssystem?

Im ersten Teil unseres Buches haben wir uns mit dem Thema „Motivation des Außendienstes" im allgemeinen beschäftigt. Wir wissen nun, daß der **„Homo sapiens aussendienensis"** einige Besonderheiten aufweist, die ihn von anderen Menschen unterscheiden, und er demzufolge auch hinsichtlich seiner Motivierbarkeit einige Unterschiede aufweist. Unserer Erfahrung nach ist der typische Außendienstmitarbeiter am ehesten durch Geld zu motivieren.

Demzufolge kommt der **Entlohnung im Außendienst** eine ganz besondere Bedeutung zu. Dies haben natürlich schon Generationen von Vertriebs- und Verkaufsleitern erkannt, und es existieren unzählige Entlohnungsmodelle – gute und weniger gute.

Wir wollen versuchen, ein wenig Systematik in dieses Thema zu bringen und Anregungen zu geben, welches Entlohnungssystem sich für welchen Zweck am besten eignet.

Um es gleich vorwegzunehmen: Das „ideale Entlohnungssystem", das System also, das für alle Belange gleichermaßen die Problemlösung bietet, gibt es nicht. Kann es auch gar nicht geben, denn dazu müßten alle Märkte gleich sein, alle Firmen gleich strukturiert, alle Ziele dieselben, alle Produkte gleich, alle Zielgruppen gleich, alle Vertriebswege gleich, alles also gleich **... und eintönig!**

So aber ist es nicht! Zum Glück haben wir die Chance, uns individuell nach den Gegebenheiten zu richten, die für uns relevant sind. Und zum Glück haben wir die Chance, besser zu sein! Besser als andere. Und um besser zu sein, benötigen wir Ehrgeiz, Kraft, Ausdauer und **... die nötigen Instrumente.**

Ein ganz wesentliches Instrument zum Erfolg kann ein maßgeschneidertes Entlohnungssystem für den Außendienst sein.

Dazu müssen wir uns aber zunächst darüber im klaren sein, was wir eigentlich wollen:

- Wo stehen wir?
- Wo wollen wir hin?
- Welches sind unsere kurz-, mittel- und langfristigen Ziele?
- Wo sind unsere Stärken, wo unsere Schwächen?
- Wie können wir unsere Stärken besser nutzen und unsere Schwächen abbauen?
- Wie tiefgreifend sind die erforderlichen Maßnahmen?

Doch selbst wenn wir uns darüber Klarheit verschafft haben, wer wir sind und was wir wollen, ist noch lange nicht gesagt, daß der „direkteste" Weg auch immer der beste ist. Im Grunde genommen könnte man sich ja z.B. auf den Standpunkt stellen: „Je mehr ein Mitarbeiter leistet, desto mehr soll er auch verdienen. Leistet er nichts, dann soll er eben auch nichts verdienen". Richtig?

Diesem Grundsatz folgt z.B. ein Entlohnungssystem, welches **„nur Provision" und „kein Fixum"** vorsieht. Nach diesem Prinzip werden in der Regel allerdings **nur freie Mitarbeiter**, also Handelsvertreter, entlohnt. **Angestellte**, also „eigene" Außendienstmitarbeiter, haben in der Regel auch einen bestimmten fixen Gehaltsanteil, welcher allerdings sowohl in seiner absoluten Höhe als auch in seinem prozentualen Anteil am Gesamteinkommen sehr unterschiedlich ausfällt.

Nach unserer Erfahrung, die aus vielen Gesprächen mit Unternehmens- und Vertriebsleitungen, aber auch mit Unternehmensberatungen und Mitarbeitern der verschiedensten Branchen und Hierarchiestufen im In- und Ausland resultiert, sagt uns die Art des Entlohnungssystems sehr viel mehr, als man zunächst vermuten sollte. Grundsätzlich können aus dem Verhältnis zwischen Fixum und Provision Rückschlüsse gezogen werden sowohl auf die Art und Struktur des Unternehmens als auch auf die Art und Struktur des Mitarbeiters. Dabei ist es zunächst unwesentlich, um welche Branche es sich handelt, das Grundprinzip ist eigentlich immer das gleiche.

Diese Rückschlüsse sollten wir umgekehrt auch bei unseren Überlegungen zum richtigen Entlohnungssystem berücksichtigen.

6.1 Rückschlüsse vom Entlohnungssystem auf das Unternehmen

Amerikanische Unternehmen

Es gibt deutliche Unterschiede zwischen deutschen bzw. europäischen und amerikanischen Unternehmen:

- Während bei amerikanischen Unternehmen der Fixanteil meist bei 30 bis max. 50% liegt, ist dieser bei den meisten deutschen Unternehmen bei 75 bis 80% und darüber angesiedelt.
- Amerikanische Firmen legen meist mehr Wert auf den „Pro-Kopf"-Umsatz als deutsche Unternehmen.
- Amerikanische Unternehmen legen ihre Gehaltsstrukturen und auch ihre Deckungsbeiträge viel offener als deutsche, sie haben also mit dem direkten Vergleich weniger Probleme.
- Amerikaner sind meist auf raschen Umsatz aus, während Deutsche hier häufig mit mehr Geduld „in die Zukunft" investieren.
- Amerikanische Unternehmen legen wesentlich mehr Wert als deutsche Firmen auf Showeffekte und Statussymbole. Möglicherweise sind sie dadurch auch näher an den Grundmotiven ihrer Mitarbeiter!?

Deutsche Unternehmen

Es gibt aber auch ganz deutliche Unterschiede zwischen verschiedenen deutschen Unternehmen, die ebenfalls ganz klare Rückschlüsse auf die Unternehmensstruktur zulassen:

- Je konservativer ein Unternehmen ist, desto höher ist der Fixanteil am Gesamteinkommen seiner Außendienstmitarbeiter.
- Je höher der variable Anteil ist, desto jünger und aggressiver (Newcomer), aber häufig auch schlicht unseriöser ist in der Regel das Unternehmen.
- Je professioneller das Unternehmen geführt wird, desto eher wird die Provision sich am Deckungsbeitrag orientieren.

- Je größer und seriöser das Unternehmen ist, desto geringer sind die Unterschiede im erzielbaren Einkommen der Mitarbeiter und desto mehr werden „Ungerechtigkeiten" vermieden.
- Auch die sogenannten „Zusatzleistungen" wie Firmenwagen, Spesenregelung u.ä. werden in der Regel um so großzügiger gehandhabt, je größer, konservativer und auch seriöser das Unternehmen ist. Allerdings sind hier auch eventuelle Ausnahmeregelungen selten und nur schwer durchsetzbar.

6.2 Rückschlüsse vom Entlohnungssystem auf den Mitarbeiter

Das Entlohnungssystem, in dem oder besser gesagt mit dem „ein Außendienstmitarbeiter lebt", läßt auch Rückschlüsse auf ihn selbst zu.

Wenn wir davon ausgehen, daß über kurz oder lang ein Mitarbeiter die Firma oder auch die Position wechselt und mit zunehmender Erfahrung auch seine Vergleichsmöglichkeiten größer werden und so die Vorstellungen und Ansprüche bestimmte Richtungen einschlagen, dann liegt der Schluß nahe, daß jeder einigermaßen gute Mitarbeiter sich das Entlohnungssystem seiner Wahl suchen wird. Je nach Fähigkeit, Erfahrung und auch Selbsteinschätzung wird er sich für diejenige Firma entscheiden (bzw. bei der Firma am zufriedensten sein), die insgesamt seinen Vorstellungen am nächsten kommt. Dabei spielt mit Sicherheit das Entlohnungssystem eine ganz entscheidende Rolle.

Demnach sind also auch folgende Rückschlüsse vom Entlohnungssystem auf den Mitarbeiter zulässig:

- Je professioneller er im Verkauf ist, desto höher ist der variable Anteil an seinem Einkommen.
- Je höher seine Position innerhalb der Verkaufshierarchie ist, desto höher ist ebenfalls der variable Anteil am Einkommen. (Dies kann, muß aber nicht unbedingt deckungsgleich mit dem zuvor Gesagten sein.)
- Je höher das Gesamteinkommen ist, desto höher ist auch das prozentuale Verhältnis des variablen Anteils gegenüber dem Fixgehalt.

- Je höher die Leistungsbereitschaft des Mitarbeiters ist, desto höher ist der variable Anteil.
- Dies gilt ebenso für die Risikobereitschaft, die wir hier mit Leistungsbereitschaft, also dem Willen zum Erfolg, gleichsetzen wollen.

Wenn also Rückschlüsse vom Entlohnungssystem auf das Unternehmen bzw. auf den Mitarbeiter möglich und zulässig sind, dann müssen wir uns zunächst die folgenden Fragen stellen:

- Wo stehe ich heute?
- Wo will ich hin?
- Welche Mitarbeiter möchte ich?
- Welche Schlüsse ziehe ich selbst aus meiner derzeitigen Situation?
- Welche Rückschlüsse würden andere ziehen?
- Bin ich damit einverstanden oder möchte ich dies ändern?
- Wenn ja, **was möchte ich ändern?**

Um diese Fragen beantworten zu können, müssen wir uns zunächst die derzeitige Situation in unserem Unternehmen vergegenwärtigen.

In den folgenden Kapiteln haben wir die wichtigsten Kriterien zusammengefaßt, die für ein Entlohnungssystem im Außendienst von Bedeutung sind, und möchten Sie bitten, sich dazu in kurzen Stichworten Gedanken zu machen über die derzeitige Situation in Ihrem Unternehmen und auch darüber, ob Sie das eine oder andere nach dem bisher Gelesenen für gut, weniger gut oder verbesserungsbedürftig halten.

Beginnen wir zunächst mit dem Grundlegenden!

6.3 Wo stehen ich und mein Entlohnungssystem?

Meine Position im Markt

Zunächst müssen wir uns die Frage stellen, welche Position unser Unternehmen im Markt derzeit einnimmt. Die Vorgehensweise im Markt und damit auch die Art der Zielsetzung für den Außendienst hängt ganz wesentlich von der Firmenstruktur und auch von deren Marktposition ab. Natürlich auch von der Branche, den Kundenzielgruppen und den Produkten. Also:

- Was bin ich?
- Was will ich?
- Wie kann ich das erreichen?

Beschäftigen wir uns zunächst also mit der Frage: Was bin ich?

Mein Unternehmen

Art des Unternehmens	wenn ja: X	Soll so bleiben, weil: (Begründung in Stichworten)	Das möchte ich erreichen:
Großunternehmen/Industrie			
Mittelbetrieb			
Kleinunternehmen			
Produktion (Vertrieb nur von eigenen Produkten)			
Handelsunternehmen (Nur Vertrieb von Fremdprodukten)			
Produktion **und** Handel (Vertrieb von eigenen **und** fremden Produkten)			
Marktführer			
Zweiter im Markt bzw. starke Marktposition			
„Newcomer" (Ganz neu im Markt)			

Nachdem wir jetzt also die Position und auch die Ziele unseres Unternehmens kurz umrissen haben, müssen wir uns als nächstes Gedanken darüber machen, welche Art von Produkten wir verkaufen wollen und ob wir mit dem derzeitigen Erfolg zufrieden sind.

Meine Produkte

Produktart	wenn ja: X	Damit bin ich derzeit nicht zufrieden:	So wäre es besser:
Investitionsgüter			
Ver-/Gebrauchsartikel mit **hoher** Erklärungs- bedürftigkeit			
Ver-/Gebrauchsartikel mit **geringer** Erklärungs- bedürftigkeit			
Eigenproduktion			
Produkt(-gruppe):			
Produkt(-gruppe):			
Produkt(-gruppe):			
Handelsware			
Produkt(-gruppe):			
Produkt(-gruppe):			
Produkt(-gruppe):			
Produkt(-gruppe):			

Wenden wir uns nun dem Wichtigsten zu: unseren Kunden!

Meine Kunden

Die Kunden- bzw. Kundengruppen, die der Außendienstmitarbeiter ansprechen soll, sind von wesentlicher Bedeutung für die Zielfestlegung des Unternehmens. Deshalb ist eine kritische Betrachtung des vorhandenen Kundenpotentials und der Zielgruppen, die angesprochen werden sollen, unbedingt erforderlich, um daraus das optimale Entlohnungssystem abzuleiten.

Kundenart	wenn ja: X	Mit Betreuung zufrieden, weil:	Das sollte bei der Betreuung besser werden:
Endverbraucher			
Großhändler			
Einzelhändler			
Industrie			
Sonderkundengruppen (Behörden/Institute/ Forschung u.ä.)			
Key Accounts			
Meinungsbildner			
Exporteure			
Auslandskunden			

Die nächste Frage ist: Was kann mein derzeitiges Entlohnungssystem eigentlich?

Mein Entlohnungssystem heute

Welche Zielsetzungen haben wir, was kann an der derzeitigen Situation ggf. verändert bzw. verbessert werden, und was wollen wir mit diesen Veränderungen erreichen?

Zielsetzung	rele- vant: X	Wird bereits optimal berücksichtigt, weil:	Sollte verbessert werden: (Stichwort)
Umsätze insgesamt erhöhen			
Gewinne verbessern			
Einzelne Produkte forcieren			
Produktgruppen forcieren			
Neukunden akquirieren			
Altkunden halten			
Key-Account-Betreuung			
Neue Absatzwege erschließen			
Auftragsgröße erhöhen			
Rabatte minimieren			
Kosten insgesamt minimieren			
Teams berücksichtigen			
Innendienst einbeziehen			
Verkaufsbezirke berück- sichtigen			
Zielvorgaben generell setzen			
Kurzfristige Ziele setzen			
Feedback wünschen			
Sonstiges			

Welches ist nun das richtige Entlohnungssystem?

Um uns diese Frage letztendlich zu beantworten, müssen wir uns und **unsere Ziele genau kennen und definieren**. Die vorhergehende „Bestandsaufnahme" hat dazu gedient, sich nochmals die derzeitige Situation bewußt vor Augen zu führen, um Ansätze dafür zu finden, wo Änderungen unbedingt erforderlich sind und wo nicht.

Bevor wir uns jedoch konkret damit beschäftigen können, wo wir aus unserer ganz spezifischen Situation heraus ansetzen können, um unser Entlohnungssystem zu optimieren, sollten wir zunächst noch die verschiedenen **„Bewertungs- bzw. Bemessungsgrundlagen"** betrachten, die für ein Entlohnungssystem relevant sind.

Erst wenn wir die Bewertungsgrundlagen generell kennen, können wir uns Gedanken darüber machen, welche davon in unserem Unternehmen von Bedeutung sind und welche nicht. Und auch unter denjenigen, die im Prinzip für unsere Ziele relevant sein könnten, müssen wir noch diejenigen herausfiltern, die auch wirklich in unsere Infrastruktur, also auch zu unseren Mitarbeitern, passen.

Und nicht genug damit, müssen wir noch überlegen, ob wir überhaupt **die technischen Mittel** dazu haben, um die ausgewählten Kriterien auch entsprechend differenziert auszuwerten und transparent aufzubereiten, damit diese auch von unseren Mitarbeitern verstanden und akzeptiert werden und damit die **Basis für ein motivierendes Entlohnungssystem** bilden können.

Denn: „Beim Geld hört bekanntlich die Freundschaft auf".

7. Bewertungsgrundlagen für ein Entlohnungssystem

7.1 Gesamtumsatz (undifferenziert)

Es wird nur der jeweilige **Gesamtumsatz** als Bewertungsmaßstab herangezogen. Hierbei kann es sich handeln um den Gesamtumsatz

- des Unternehmens,
- des Gebietes,
- des Teams,
- des Mitarbeiters.

Bei dieser undifferenzierten Umsatzbewertung besteht keine Einflußmöglichkeit auf etwas tiefergehende Unternehmensziele wie z.B. die gezielte Bewertung bestimmter Artikel oder Artikelgruppen, Kunden oder Kundengruppen u.ä. Die Kenngröße Gesamtumsatz ist zwar die am einfachsten errechenbare, aber auch die unsensibelste Form der Entlohnung.

7.2 Gesamtumsatz (differenziert)

Hier wird zwar auch nur der erzielte Gesamtumsatz (s.o.) bewertet, jedoch wird nun bereits unterschieden zwischen Gesamtumsätzen von z.B.:

- Produktgruppen
- einzelnen Produkten
- nur neuen Produkten
- vom „Absturz" bedrohten Produkten
- einzelnen Kundengruppen
- einzelnen Kunden, z.B. „Key Accounts"

- verschiedenen Branchen
- unterschiedlichen Absatzwegen.

 Hier haben wir zwar bereits eine ganze Reihe von diffe-
renzierteren Zielvereinbarungen, aber immer noch ist
der Gesamtumsatz die einzig relevante Kenngröße mit
allen ihren bereits erwähnten Nachteilen.

7.3 Gesamtumsatz/Zielvorgaben

Auch hier wird als Hauptkriterium der **Gesamtumsatz, undifferenziert oder
differenziert** (s.o.), herangezogen, jedoch dienen jetzt bereits bestimmte,
vorher vereinbarte Ziele als Bewertungsgrundlage für die Entlohnung.

Es können dabei z.B. als Bewertungsgrundlage dienen:

- Erreichung des vereinbarten Umsatzzieles
- Überschreitung dieses Umsatzzieles
- Gesamtumsatz undifferenziert
- Gesamtumsatz differenziert.

Natürlich sollte hier vice versa auch die Nichterreichung des gesetzten
Zieles berücksichtigt, das heißt „bestraft" werden.

 Bei dieser Art der Entlohnung verfügen wir bereits über
ein ganz wesentliches Steuerungsinstrument: die Zielvor-
gabe. Aber immer noch ist das Hauptkriterium der Umsatz mit allen bereits beschriebenen Vor- und Nachteilen.

Verlassen wir nun den Umsatz als Hauptkriterium unseres Entlohnungssystems und wenden uns der gewinnori
entierten, d.h. deckungsbeitragsorientierten Entlohnung
zu.

 Erklärtes Ziel: Nicht der Umsatz, sondern der Gewinn
steht im Vordergrund der Überlegungen.

7.4 Deckungsbeitrag

Auch hier können wir wieder (wie zuvor beim Umsatz)

- undifferenziert den Gesamtdeckungsbeitrag als Bemessungsgrundlage heranziehen oder
- differenzieren zwischen verschiedenen Zielgruppen.

Auch beim Deckungsbeitrag können wir – wie zuvor beim Umsatz – unterscheiden zwischen

- erreichtem Gesamtdeckungsbeitrag und
- erreichten Zielvorgaben.

Der wesentliche Unterschied ist, daß wir jetzt den Deckungsbeitrag in den Mittelpunkt unserer Überlegungen stellen und nicht den Umsatz.

Mit der Entlohnung nach Deckungsbeitrag haben wir eine Möglichkeit, nicht nur den Umsatz, sondern auch den Gewinn unseres Unternehmens in den Mittelpunkt unseres Entlohnungssystems zu stellen und damit den Außendienst **zu gewinnorientiertem Handeln** zu veranlassen.

Wir müssen allerdings sicherstellen, daß die Kriterien, die das Entlohnungssystem – und damit das Einkommen des Mitarbeiters – beeinflussen, für diesen **transparent, nachvollziehbar und von ihm auch beeinflußbar sind.**

Und: Die Qualität unserer Mitarbeiter im Außendienst muß diesen Anforderungen unbedingt auch gerecht werden! Sollte dies nicht der Fall sein, dann müssen wir zuallererst dafür sorgen, daß unser Außendienst in die Lage versetzt wird, kaufmännisch zu denken und unsere Vorstellungen zu verstehen, um sie an den Kunden weitergeben zu können.

Eine entsprechende Schulung unseres Außendienstes kann hier eine der besten und wichtigsten Investitionen für die Zukunft sein!

7.5 Weitere Kriterien

Alle denkbaren Kriterien, die wir uns aus unserer spezifischen Situation heraus zum mittel- oder langfristigen Ziel setzen, sollten wir grundsätzlich bei unserem Entlohnungssystem berücksichtigen, wobei wir immer die beiden grundsätzlich unterschiedlichen Zielsetzungen berücksichtigen müssen: **Wollen wir Umsatz, oder wollen wir Gewinn?**

Folgende weitere Kriterien sind mit einem Entlohnungssystem steuerbar:

- Altkunden halten
- Neukunden gewinnen
- Saldo Neukunden : Altkunden : verlorene Kunden
- Steigerung in %
- Steigerung absolut
- Durchschnitt je Kunde/Kundengruppe/Artikel/Artikelgruppe
- Gewinne optimieren/Kosten senken.

Alle Leistungen bzw. Ziele, die bisher nicht definiert wurden, können bei dem großen Sammelbegriff „Prämie" oder auch „Bonus" berücksichtigt werden. Wir kommen darauf noch ausführlich zu sprechen.

8. Das Entlohnungssystem aus unterschiedlichen Blickwinkeln

8.1 Die Situation im Markt einst und heute

Lange Zeit war der Markt ein reiner Verkäufermarkt, d.h., die Nachfrage war größer als das Angebot. Verkauf war im Prinzip ein Kinderspiel. War erst einmal das Interesse geweckt, der Kaufwunsch also vorhanden, dann mußte dieser eigentlich nur noch befriedigt werden. Konkurrenz gab es – jedenfalls bei neuen Produkten – kaum, und die Produktionskapazitäten waren meist auch nicht ausreichend. **Also ein Idealzustand für den Hersteller!**

Nach dem Wachstum in den achtziger Jahren, der in einem besonderen „Boom" Anfang der neunziger Jahre gipfelte, war die Wirtschaft erfolgsverwöhnt. Sie brauchte eigentlich nur zu **reagieren, weniger zu agieren.**

Man konnte davon ausgehen, daß das Wachstum weiterhin bestehen bleibt, die gesetzten Ziele erreicht, ja sogar übererfüllt werden. Entsprechend hoch waren natürlich auch die Erwartungen:

- die Erwartungen an Umsatzzuwächse
- die Erwartungen an Gewinne
- **und auch das Anspruchsdenken.**

Dies betrifft nicht nur die Unternehmensleitung, sondern in ganz besonderem Maße auch den Außendienst! In dieser Zeit war selbstverständlich auch der Außendienst erfolgsverwöhnt. Und er verwöhnte mit seinen Erfolgen seinen Arbeitgeber! Damals fiel es wohl keinem halbwegs guten Verkäufer, keinem erfolgreichen Außendienstmitarbeiter besonders schwer, seinen Anteil an dem Erfolg auch klarzumachen.

Erinnern wir uns: „Ein guter Verkäufer verkauft auch sich selbst gut."

Und weil auch der Arbeitgeber um die Bedeutung des Außendienstes wußte und von dessen Anteil am Erfolg des Unternehmens überzeugt war, honorierte er diesen meist fürstlich. Häufig erfolgte diese Entlohnung ohne jegliche direkte Erfolgskontrolle, einfach aus dem Gefühl heraus: **„Es funktioniert ja!"**

Und eben weil es „funktionierte", entwickelte sich beim Außendienst das bereits erwähnte Anspruchsdenken, nach dem Motto: **„Das steht mir zu!"**

Ein gutes Gehalt (oft ein relativ hohes Fixgehalt, wie gesagt ohne direkte Leistungsabfrage oder gar Zielvorgabe), Firmenwagen, Spesen u.ä. waren üblich.

Die variablen Gehaltsanteile (Provision, Prämien u.ä.) stellten sich meist von selbst ein. Die Ziele, sofern solche überhaupt konkret vorgegeben wurden, konnten meist locker erfüllt, ja sogar übererfüllt werden.

Doch auch diese Vergütungen reichten bald nicht mehr. Ohne Sonderprämie war kaum eine Neueinführung mehr denkbar. Incentives, Sonderurlaube, Sonderveranstaltungen, sonstige Vergünstigungen für z.B. „den besten Verkäufer" – nichts war gut genug. Es mußte jedes Jahr mehr sein, noch gigantischer, noch „motivierender". Aus dem anfangs durchaus gewollten und häufig mit allen Mitteln systematisch geförderten **„Wir-Gefühl"** entwickelte sich so nach und nach das mit großen Problemen einhergehende Gefühl: **„Ohne mich läuft nichts."**

Meist resultierte daraus auch der bekannte Konflikt zwischen Außendienst und Zentrale: **„Was wollen denn die schon wieder von mir?"**

Zielvorgaben waren nur schwer – oft nur nach langen Diskussionen – durchsetzbar.

Statements wie

- „Bei uns draußen ist ohnehin alles anders"
- „Was wollen die von der Zentrale mir denn da sagen"
- „In meinem Gebiet ist das aber ganz anders"

112

sind wohl typisch für den Außendienst dieser Tage. Und sie haben sich bis heute hartnäckig gehalten! **Sicher nicht immer zu Unrecht!**

Heute stehen wir einer Situation im Markt gegenüber, in der dem guten Verkäufer eine wachsende Bedeutung zukommt. Natürlich ist es auch heute noch so, daß, wenn wir etwas haben wollen, wir auch versuchen, es zu bekommen. Erst wenn wir diesen Kaufwunsch befriedigt haben, kehrt die Vernunft wieder – so lange, bis der nächste Wunsch deutlich wird. Heute jedoch ist das Angebot vergleichbarer Produkte in den meisten Fällen riesig, mitunter sogar unüberschaubar.

Wir alle wissen, daß wir heute in den meisten Märkten einer Situation gegenüberstehen, die einen Umdenkprozeß dringend erforderlich macht.

Folgende Veränderungen kommen auf uns und unseren Außendienst zu und müssen bewältigt werden:

- **sich verschärfender Verdrängungswettbewerb**
  - Auch ehemals weniger gute Produkte anderer Hersteller werden qualitativ besser, d.h., die Qualitätsunterschiede vergleichbarer Produkte werden geringer.
  - Immer mehr Hersteller wollen mit Nachahmerprodukten auch ein Stück von dem Kuchen abschneiden, den sie eigentlich nicht gebacken haben.
  - Echte Innovationen werden seltener, weil kostspieliger.

- **sinkendes Preisniveau**
  - Als Folge des Verdrängungswettbewerbes
  - Auch auf Grund des enorm gewachsenen Marktes innerhalb der Europäischen Union steigt die Zahl der Anbieter, das Angebot wird größer, die Preise sinken.

- **Überkapazitäten bei den meisten Herstellern**
- **steigende Personalkosten**
- **steigende Stückkosten**
- **steigende Kosten für Umwelt etc.**
- **steigende Kosten für Markterschließung, insbesondere auch im Hinblick auf die EU**

- **Konzentration bei Abnehmern**
- Nachfragemacht
- Risikokonzentration (Kundenstruktur)
- weitere Preiszugeständnisse = Preisverfall.

Dieser Problematik steht die derzeitige Situation in Deutschland gegenüber, die die Sache auch nicht gerade einfacher macht:

- Wir haben weltweit mit die höchsten Lohnnebenkosten.
- Wir haben weltweit die geringste Jahresarbeitszeit pro Mitarbeiter.
- Wir haben weltweit die höchsten Fehlzeiten pro Mitarbeiter.
- Wir haben weltweit die höchsten Stückkosten.

Aber: „Die Qualität stimmt!"

Dies ist zum einen einfach auf die unterschiedliche Mentalität der Arbeitnehmer und auch Arbeitgeber in den verschiedenen Produktionsländern zurückzuführen, zum anderen wurde dies aber auch durch strenge Qualitätskontrollmaßnahmen bei den Herstellern erreicht. Dieser hohe Qualitätsstandard soll in praktisch jeder Art von Betrieb (egal, ob es sich um einen Produktions-, einen Handels- oder einen Dienstleistungsbetrieb handelt) durch strenge Reglementierung und Prüfvorschriften wie ISO 9000 ff. gehalten bzw. noch weiter verbessert werden. Dadurch wird die Qualität unserer Erzeugnisse zwar immer besser, aber auch immer vergleichbarer – und mit Sicherheit nicht billiger.

Vor diesem Hintergrund kommt der Entlohnung unseres Außendienstes eine immer größer werdende Bedeutung zu, da sie einerseits zu Höchstleistungen anspornen soll, andererseits aber auch bezahlbar sein muß!

In jeder Branche und in jedem Sortimentsbereich, egal ob es sich um Investitionsgüter mit hohem oder niedrigem Erklärungsbedürfnis handelt oder um Ge- bzw. Verbrauchsartikel, ob die Absatzwege über den Einzelhandel, den Großhandel, nur über Key Accounts oder auch direkt an den Endverbraucher gehen, immer finden wir die folgenden Firmenstrukturen bzw. Marktpositionen vor:

Es gibt immer

- einen Marktführer,
- einen Zweiten am Markt,
- einen Newcomer bzw. Firmen mit geringem Marktanteil.

Diese Firmentypen unterscheiden sich meist in ihrer Vorgehensweise am Markt ebenso gravierend wie in ihren Zielen. Und ebenso gravierend unterscheiden sie sich meist auch in ihren Ansprüchen an den Außendienst und in ihren Entlohnungssystemen. Betrachten wir nun die Situation und die Ziele jeweils aus dem Blickwinkel des „typischen" Vertreters der verschiedenen Firmenstrukturen.

8.2 Aus der Sicht des Marktführers

Als Marktführer betrachtet man den Markt natürlich mit ganz anderen Augen als z.B. als Newcomer. Und man wird von den Mitbewerbern mit Argusaugen beobachtet. Denn Marktführer ist man in der Regel ja nicht schon immer (es sei denn, man verfügt über ein konkurrenzloses Produkt), sondern man ist es im Laufe der Jahre geworden. Hier spielen etliche Faktoren mit, wie z.B. das Produktsortiment (besonders gut, besonders komplett, besonders zielgruppenorientiert usw.), die Firmenphilosophie, die Infrastruktur und eben auch das Image des Unternehmens.

Und: Praktisch immer hat auch der Außendienst einen ganz erheblichen Anteil an diesem Erfolg!

Der Marktführer stellt meist besonders hohe Ansprüche an seinen Außendienst, insbesondere in qualitativer Hinsicht. Er investiert meist aber auch überdurchschnittlich viel in die Aus- und Weiterbildung seiner Außendienstmitarbeiter. Dies führt zu einem entsprechend hohen Qualitätsvorsprung seiner Mitarbeiter gegenüber Außendienstmitarbeitern des Wettbewerbs.

Dies alles schlägt sich letztendlich im Gesamtimage des Unternehmens nieder und trägt dazu bei, daß die Position als Marktführer weiterhin bestehen bleibt bzw. noch gefestigt wird.

Damit sind wir auch schon bei den Zielen des Marktführers:

Er wird in der Regel weniger darauf achten müssen, neue Kunden zu gewinnen, als vielmehr alte Kunden zu halten. Meist ist sein Preisniveau auch relativ hoch – entsprechend dem meist ebenfalls hohen Qualitätsstandard seiner Produkte. Er hat es also in der Regel nicht nötig, über den Preis zu verkaufen bzw. mit „harten Verkaufsmethoden" Marktanteile zu gewinnen.

Entsprechend moderat ist demzufolge auch sein Entlohnungssystem.

Der Marktführer kann es sich „leisten", ein hohes Fixum zu bezahlen und seine Außendienstmitarbeiter im wesentlichen durch z.B. Prämien und allenfalls einen relativ geringen variablen Anteil in Form von Provisionen an dem Umsatzerfolg teilhaben zu lassen. Die Mitarbeiter sind unter anderem auch dadurch bereits stark motiviert, daß sie eben für den Marktführer tätig sind.

Denn das heißt für den Mitarbeiter im Außendienst, daß er z.B. meist viel problemloser einen Termin bei dem Kunden erhält als sein Kollege von der unbekannteren Firma. Er hat weniger „Wartezeiten", die ihm ja letztendlich beim Umsatz wieder hinderlich sind, weniger Frustrationserlebnisse bei der Terminvereinbarung und meist auch weniger Probleme mit seinen bereits verkauften Produkten, also mit dem „after sales service" bei seinen Kunden.

Das Entlohnungssystems eines Marktführers wird also in aller Regel folgende Ziele schwerpunktmäßig berücksichtigen:

• Kunden halten
• vorhandene Potentiale ausbauen
• neue Produkte möglichst konsequent im Markt etablieren
• ertragsschwächere Kunden von ertragsstarken zu unterscheiden und in der Betreuung eine entsprechende Gewichtung vorzunehmen, um die Gesamtkapazität des Außendienstes möglichst sinnvoll zu nutzen.

Er erreicht dies mit folgenden Entlohnungsarten:

• Fixum (meist relativ hoher Anteil am Gesamteinkommen)
• Prämien für kurzfristig gesetzte Ziele

- deckungsbeitragorientierte Provision (meist nicht mehr als ca. 10% des Gesamteinkommens), um insbesondere die Kundenbetreuung des Außendienstmitarbeiters nach Kundenpotential bzw. Ertrag zu steuern
- Teamprämien, um das Gruppengefühl zu stärken. Auch der Innendienst wird hier zunehmend eingebunden.

8.3 Aus der Sicht des „Zweiten am Markt"

Der „Zweite am Markt" hat grundsätzlich immer **ein Hauptinteresse: Er will Erster werden!**

Der „Zweite" hat in seinem Marktsegment bereits eine sehr starke Position erreicht. Auf ihn treffen im Prinzip die gleichen Kriterien zu, wie wir sie beim Marktführer kennengelernt haben. Häufig wechselt ja sogar die Position zwischen Marktführer und dem „Zweiten".

Der einzige Unterschied in der Zielsetzung des Zweiten gegenüber dem Ersten ist eben der, daß er seine Position in der Regel nicht nur behaupten, sondern so weit ausbauen will, daß er Marktführer wird. Ein Beispiel, das wohl alle kennen: der ewige Zweikampf zwischen BMW und Mercedes.

Der „Zweite" hat neben den Zielen des Marktführers aber noch ein weiteres Ziel: neue Kunden bzw. Marktanteile hinzugewinnen!

Das Entlohnungssystem des Zweiten am Markt wird in der Regel ein wenig mehr Anreize für die Mitarbeiter bieten, die variablen Einkommensanteile werden etwas höher liegen und differenzierter sein als beim Marktführer.

8.4 Aus der Sicht des „Newcomers"

Ganz anders stellt sich die Situation aus der Sicht des Newcomers bzw. des Unternehmens mit relativ geringen Marktanteilen dar.

Und dabei handelt es sich um die Mehrzahl aller Unternehmen!

Hier geht es nicht nur darum, mit allen Mitteln in den Markt zu kommen und Marktanteile zu erobern, sondern mitunter **schlicht ums Überleben!** Daß hier mit ganz anderen, wesentlich härteren Bandagen gekämpft wird, versteht sich eigentlich von selbst.

Der Newcomer steht in der Regel einer Reihe von Problemen gegenüber, die er in relativ kurzer Zeit lösen muß, wenn er überleben will:

- Er muß zunächst die häufig sehr hohen finanziellen Vorleistungen, die z.B. für Firmengründung, Produktentwicklung, Werbung, Personal u.ä. aufzuwenden waren, verkraften.
- Er muß die anfallenden Unternehmensgemeinkosten finanzieren.
- Er muß seinen Außendienst motivieren (auch das ist meist schwieriger als für etablierte Unternehmen).
- Er muß seinen Mitbewerbern Marktanteile bzw. Kunden „wegnehmen".
- Er muß sich im Markt etablieren.
- Er muß ein entsprechendes Image aufbauen.
- u.v.a.m.

Was also liegt näher, als über ein möglichst „aggressives" Entlohnungssystem mit entsprechend hohen Anreizen die Mitarbeiter im Außendienst zu Höchstleistungen anzuspornen.

Schließlich wollen wir unsere Produkte verkaufen, Marktanteile gewinnen, Umsätze machen, Geld verdienen ...

Und hier kommt die „Zwickmühle", in der sich ein solches Unternehmen meist befindet:

Einerseits sollte der Außendienst qualitativ hochwertig sein, um für die Zukunft ein entsprechendes Firmenimage aufzubauen. Er sollte möglichst nicht „unter Druck" verkaufen müssen, da hier die bereits mehrfach geschilderten Gefahren lauern. Andererseits kostet ein solcher Außendienst sehr viel Geld. Dieses aber muß erst verdient werden – und zwar durch den Außendienst. Sonst „rechnet" er sich nicht!

Die alte Faustregel wird uns immer wieder und in vielen Branchen bestätigt: Ein Mitarbeiter im Außendienst muß ca. 1 Million DM Umsatz bringen, damit er sich bezahlt macht.

Nun ist 1 Million DM für so manches Unternehmen recht viel Umsatz, zumal diese Million ja von jedem Außendienstmitarbeiter gebracht werden muß. Je nach dem geographischen Einzugsbereich des Unternehmens bzw. der Anzahl an potentiellen Kunden, die es ansprechen möchte und muß, ist ein einziger Mitarbeiter oft nur „ein Tropfen auf dem heißen Stein".

In dieser Situation kommt der Art der Entlohnung des Außendienstes eine ganz besondere Bedeutung zu! Zunächst stellt sich die grundsätzliche Frage, ob man sich ein Fixum überhaupt leisten kann oder ob nur Provision bezahlt, also der effektiv gebrachte Erfolg honoriert werden soll.

Wenn ein Fixum nicht bezahlt werden kann, dann bleiben zwei Möglichkeiten:

1. Wir müssen versuchen, ohne Außendienst auszukommen, oder
2. wir müssen nach freien Mitarbeitern, also Handelsvertretern, suchen.

Da wir uns in diesem Buch mit dem Außendienst beschäftigen, können wir die erste Lösung (ohne Außendienst) hier ausklammern.

Sehen wir uns also im folgenden Kapitel 9.3 die zweite Lösung etwas genauer an!

9. Wie stellt sich die Situation im Außendienst heute dar?

9.1 Zeitbedarf

Wie verbringt „Adi" eigentlich seine Zeit? Was schätzen Sie?

Tragen Sie zunächst bitte einfach den geschätzten Zeitbedarf pro Tätigkeit in % in die folgende Tabelle ein.

Unterwegs im Auto	%
Parkplatz suchen, telefonieren, Notizen machen	%
Warten auf einen Termin	%
Vergebliche Gesprächsversuche (Nichtempfang)	%
Besuchsplanung und -vorbereitung zu Hause	%
Pausen	%
Direkter Kundenkontakt	%
Gesamt	100 %

So, jetzt haben wir also eine grobe Vorstellung, wie sich die Zeit unserer Außendienstmitarbeiter in etwa verteilt. Gut, er muß natürlich viel im Auto unterwegs sein, und der Verkehr wird auch immer dichter. Und essen muß er schließlich auch mal. Auch seinen Bürotag soll und muß er haben, schließlich ist eine gute Besuchsvorbereitung der halbe Erfolg. Auch Berichte soll er ja schreiben usw. ...

... aber immerhin, für den direkten Kundenkontakt bleibt auch noch genügend Zeit!

Oder?

Natürlich! Der direkte Kundenkontakt ist es, der Geld bringt! Da werden die Aufträge gemacht. Da geht es zur Sache.

Aber was heißt eigentlich Kundenkontakt? Handelt es sich dabei wirklich zu 100% um ein konkretes Verkaufsgespräch? **Nein!**

Auch hier müssen wir noch unterscheiden zwischen

- dem effektivem Verkaufsgespräch und
- „Nebenaktivitäten".

Bitte schätzen Sie auch hier wieder den Zeitbedarf Ihrer Außendienstmitarbeiter (in % vom Verkaufsgespräch = „direkter Kundenkontakt") und tragen ihn in die untenstehende Tabelle ein.

Small talk	%
Gesprächsunterbrechung (z.B. Telefonate des Kunden u.ä.)	%
Gesamt	%
„Gesamt" ziehen wir jetzt von der für „direkte Kundenkontakte" zur Verfügung stehenden Zeit ab (siehe vorherige Seite)	%
Verbleibt für das effektive **Verkaufsgespräch**	%

Am wenigsten Zeit bleibt für das effektive Verkaufsgespräch!

Diesen Schluß läßt eine Befragung von 1 000 Außendienstmitarbeitern in Deutschland, England, Frankreich und Italien zu, welche die Unternehmensberatung Kinaired Communications Group, Glasgow, durchgeführt hat.

Der typische Tag von „Adi" sieht demnach so aus:

Unterwegs im Auto	42 %
Parkplatz suchen, telefonieren, Notizen machen	8 %
Warten auf einen Termin	6 %
Vergebliche Gesprächsversuche (Nichtempfang)	6 %
Besuchsplanung und -vorbereitung zu Hause	5 %
Pausen	13 %
Direkter Kundenkontakt	20 %
Gesamt	100 %

Die 20% an direkten Kundenkontakten splitten sich noch wie folgt auf:

Small talk	7,5 %
Gesprächsunterbrechung (z.B. Telefonate des Kunden u.ä.)	7,5 %
Gesamt	15,0 %
„Gesamt" ziehen wir jetzt von den 20% der für direkte Kundenkontakte zur Verfügung stehenden Zeit ab	−20,0 %
Verbleibt für das effektive **Verkaufsgespräch**	5,0 %

Haben Sie richtig geschätzt?

Ganze 5% (!) der gesamten täglichen Arbeitszeit eines Außendienstmitarbeiters werden für das sachbezogene Verkaufsgespräch genutzt!

9.2 Entlohnung heute: Situation im Überblick

Damit wir ein Gefühl dafür entwickeln, wie die Entlohnung im Außendienst im eigenen Unternehmen sein könnte, wollen wir uns zunächst einen Überblick verschaffen über die Gesamtsituation, wie sie sich heute darstellt:

- Was wird heute verdient?
- Wie verteilen sich die Einkommen?
- Welche branchenspezifischen Unterschiede gibt es?
- Wie verhalten sich die Anteile fix : variabel?
- Wie sieht es im Innendienst aus?
- Welche Trends zeichnen sich ab?

Wir haben die verschiedensten Quellen und Statistiken zu Rate gezogen, mit eigenen Erfahrungswerten und aktuellen Befragungen verglichen und sind somit in der Lage, auf den folgenden Seiten eine aktuelle Darstellung der derzeitigen Situation zu geben.

Wie verteilen sich die Gesamtbezüge von Verkäufern im Außendienst?

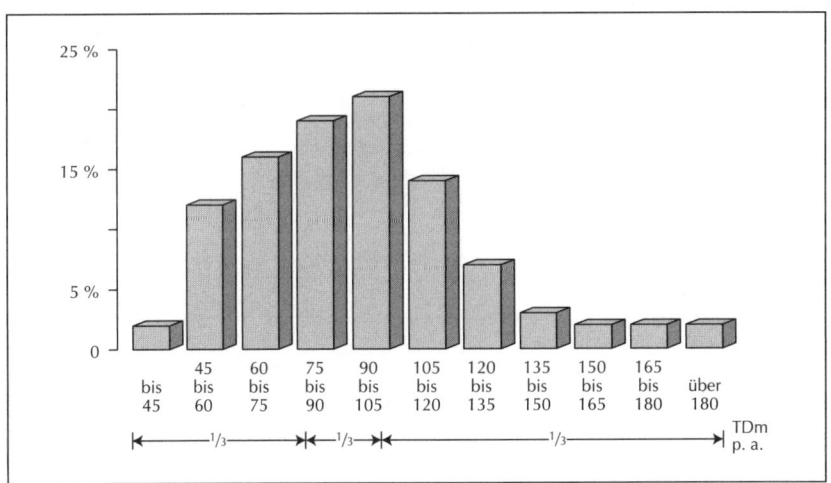

Quelle: Vergütung 1994, Führungs- und Fachkräfte im Außendienst, Kienbaum & Partner, Gummersbach

Position	Durchschnittliches Jahresgehalt (Gesamtbezüge in TDM)
Anfangsverkäufer	60 bis 80
Durchschnittsverkäufer	70 bis 105
Topverkäufer	95 bis 130
Gebietsverkaufsleiter	100 bis 150
Spitzenverkäufer/Handelsvertreter	bis 300 und darüber

Quelle: Vergütung 1994, Führungs- und Fachkräfte im Außendienst, Kienbaum & Partner, Gummersbach

Wie ist das Verhältnis zwischen fixen und variablen Gehaltsanteilen (wieder gesplittet nach Position)?

Position	So viel % erhalten variable Gehaltsanteile	Gehaltsanteil Fix %	Gehaltsanteil Variabel %
Anfangsverkäufer	60	80	20
Durchschnittsverkäufer	85	70	30
Topverkäufer	85	60	40
Gebietsverkaufsleiter	80	75	25
Spitzenverkäufer/Handelsvertreter	98	0 – 20	80 – 100

Quelle: Vergütung 1994, Führungs- und Fachkräfte im Außendienst, Kienbaum & Partner, Gummersbach

124

Und wie sieht es in den verschiedenen Branchen aus?
(Durchschnittliche Gesamtbezüge im Außendienst)

Branche	Durchschnittliches Jahresgehalt (Gesamtbezüge in TDM)
Nahrung und Genuß	65 bis 85
Steine und Erden	80 bis 90
Chemie	80 bis 100
Elektrotechnik / Elektronik	90 bis 125
Maschinenbau	90 bis 140

Quelle: Vergütung 1994, Führungs- und Fachkräfte im Außendienst, Kienbaum & Partner, Gummersbach

Wie stellt sich dies nun innerhalb einer bestimmten Branche dar? (Beispiel: Medizintechnik)

Gehen wir noch weiter in die Feinstruktur und sehen uns eine bestimmte Branche an.

Übersicht: Vertriebsmitarbeiter im Außendienst mit 3–5 Jahren Berufserfahrung, tätig **im Inland für deutsche Unternehmen**

	Fix TDM p.a.	Variabel TDM p.a.	Gesamt TDM p.a.	Fix %	Variabel %
Großgeräte, Investitionsgüter	100	48	148	68	32
Schrittmacher, Implantate u.ä.	95	37	132	72	28
Systemgeschäfte	90	22	112	80	20
Med. Labordiagnostik, Spezialitäten	76	20	96	79	21
Medicalprodukte	78	16	94	83	17
Medizintechnik, Medizinelektronik	73	18	91	80	20
Einmalartikel, Zubehör	70	20	90	78	22
Junior-Verkäufer (Einsteiger)	65	10	75	87	13
Durchschnitt	80,9	23,9	104,8	78,3	21,7

Quelle: Günter A. Schillinger, Gehaltsindex Medizintechnik 1994, Hemsbach

BRUNHILDSTR. 16 B
69502 HEMSBACH
06201/7749

Die Tabelle macht deutlich, daß auch zwischen den Produkten, die verkauft werden, sehr deutliche Unterschiede gemacht werden. Dies betrifft sämtliche Branchen.

Auf die typischen „Gehaltszusatzleistungen" wie z.B. Firmen-Pkw, Kommunikationsmittel, Incentives u.a. gehen wir im Kapitel 11.6 „Gehaltszusatzleistungen" noch gesondert ein. Bei der folgenden Übersicht haben wir uns zunächst auf die typischen Zusatzleistungen

- Firmenwagen (auch zur privaten Nutzung) und
- Kommunikationsmittel

beschränkt, da diese am häufigsten vorkommen und am direktesten vergleichbar sind. Zur besseren Darstellung der Zusatzleistungen wurde das Jahreseinkommen zugrunde gelegt, da die Gehaltshöhe zumindest beim Pkw der bestimmende Faktor ist.

Jahresgehalt TDM	Firmenwagen	Klimaanlage u.ä.
bis 85	Polo,Fiesta,Kadett	–
80 – 135	Audi 80, BMW 3er	ab ca. 100 TDM
100 – 150	Mercedes 180, Opel Omega	ja
130 – 175	Mercedes 200, Volvo, Audi 100	ja
ab 160	Mercedes 300, BMW 5er, Audi 200	ja
ab 200	Mercedes S, BMW 7er	ja

Quelle: Günter A. Schillinger, Gehaltsindex Medizintechnik 1994, Hemsbach

In deutschen Unternehmen sind derzeit rund 2,3 Millionen Firmenfahrzeuge zugelassen. Immer häufiger werden auch Führungskräfte im Innendienst statt mit einer Gehaltserhöhung, die zum großen Teil von der Steuer geschluckt wird, mit einem Firmenwagen „belohnt", der häufig auch privat genutzt werden darf. Der Fuhrpark für Führungskräfte macht immerhin etwa ein Drittel des Gesamtbestandes aus. Der Rest findet im

Außendienst Verwendung, wo auch für die Zukunft die größten Zuwächse erwartet werden.

Die „Hitliste" der Firmenfahrzeuge führt seit Jahren VW/Audi mit ca. 35% des Gesamtaufkommens an. Auf den Plätzen folgen Opel, BMW und Mercedes, wobei BMW in den letzten Jahren gegenüber Mercedes deutlich an Boden gewonnen und in 1994 sogar die Führung übernommen hat. Insbesondere der 5er-BMW ist neuesten Umfragen zufolge bei den jüngeren Managern wegen seiner sportlicheren und dynamischeren Ausstrahlung der Favorit.

Jahresgehalt TDM	Kommunikationsmittel
60 – 100	Eurosignal, Cityfunk u.ä.
ab 60	pers. Fax
ab 80	Autotelefon

Quelle: Günter A. Schillinger, Gehaltsindex Medizintechnik 1994, Hemsbach

Wie sieht es dagegen im Innendienst aus?

Sehen wir uns zunächst das **mittlere Management** an.

	Fix TDM p.a.	Variabel TDM p.a.	Gesamt TDM p.a.	Fix %	Variabel %
Pruductline-Manager	120	22	142	85	15
Area-Manager	120	15	135	89	11
Group-Product-Manager	120	8	128	94	6
Key-Account-Manager	95	10	105	90	10
Productmanager	90	11	101	89	11
Productspecialist	83	7	90	92	8
Sales Support	70	6	76	92	8
Durchschnitt	99,7	11,3	111,0	90,2	9,8

Quelle: Günter A. Schillinger, Gehaltsindex Medizintechnik 1994, Hemsbach

Auch hier finden wir neben den fixen variable Gehaltsanteile! Es wird also zunehmend auch der Innendienst am Erfolg des Unternehmens beteiligt und durch variable Gehaltsanteile zu höherer Leistung motiviert.

Und zum Vergleich noch das „restliche" Management:

Technisches Management/Service

Tätigkeit	von TDM p.a.	bis TDM p.a.
Technischer Leiter	158	200
Produktionsleiter	142	169
Leiter Forschung/Entwicklung	145	168
Serviceleiter	98	152
Wissenschaftl.-techn. Leiter	100	128
Leiter Qualitätskontrolle	90	121
Service-Gruppenleiter	80	105

Führungskräfte Vertrieb/Marketing

Tätigkeit	von TDM p.a.	bis TDM p.a.
Vizepräsident (Europa)	250	310
Alleingeschäftsführer	230	272
Sparten-Bereichsleiter	195	215
Business-Manager	175	200
Leiter Vertrieb	145	188
Leiter Marketing	151	174
Kaufmännischer Leiter	148	166

Quelle: Günter A. Schillinger, Gehaltsindex Medizintechnik 1994, Hemsbach

Vergleich Außendienst zu Innendienst

Stellt man die Gehaltsstruktur des Außendienstes dem Innendienst gegenüber, so fällt auf, daß sich der Schritt in den Innendienst finanziell meist erst nach mehreren Jahren lohnt! Dazu kommt noch „erschwerend" der Wegfall der verschiedenen sonstigen Vergünstigungen.

Die meisten Mitarbeiter im Außendienst wissen dies natürlich auch und haben deshalb meist kein Interesse, in den Innendienst zu wechseln.

Auch das ist ein Grund dafür, daß die meisten Außendienstmitarbeiter durch Karriereangebote bzw. Karrierepläne, die für die meisten Innendienstmitarbeiter einen hohen Leistungsanreiz bieten, kaum zu motivieren sind.

Dem Entlohnungssystem im Außendienst kommt auch in dieser Hinsicht eine entsprechende Bedeutung zu!

9.3 Der Handelsvertreter

Der Handelsvertreter ist definitionsgemäß ein selbständig Gewerbetreibender, der seine Tätigkeiten weitgehend frei gestalten und die Arbeitszeit selbst bestimmen kann. Er ist meist für mehrere Unternehmen tätig und erhält von diesen eine umsatzabhängige Provision.

Zu unterscheiden sind der Versandhandels-, der Bezirks- und der Generalvertreter.

Ersterer verkauft die Produkte von Handels- und Industrieunternehmen direkt an Endverbraucher. Der Bezirksvertreter ist für einen bestimmten Bezirk zuständig und hat Anspruch auf Provision für alle in seinem Bezirk getätigten Verkäufe, auch wenn diese ohne seine eigene Mitwirkung zustande gekommen sind. Ein Generalvertreter bearbeitet die ihm übertragenen Gebiete nicht selbst, sondern beauftragt damit Untervertreter.

Der freie Handelsvertreter ist also

- selbständiger Unternehmer und
- meist für mehrere Unternehmen tätig.

Dies stellt uns natürlich vor ein ganz besonderes Problem:

- Der freie Handelsvertreter ist nicht im eigentlichen Sinn unser Mitarbeiter, sondern eigentlich eine Art „Subunternehmer".
- Er wird am ehesten diejenigen Produkte besprechen, die sich am leichtesten verkaufen lassen und dabei den höchsten Profit bringen.

Im Grunde genommen treffen zwar auch für die Entlohnung des freien Handelsvertreters die bereits erwähnten Kriterien zu, die Schwerpunkte sollten sich jedoch auf folgende Zusatzproblematik konzentrieren:

Wie motiviere ich den „freien Unternehmer", sprich Handelsvertreter, dazu,

- die Produkte meines Unternehmens bevorzugt zu bewerben,
- das Image meines Unternehmens beim Kunden zu fördern,
- meine Unternehmensziele durchzusetzen?

Grundsätzlich wird mit dem Handelsvertreter ein entsprechender Vertrag abgeschlossen, der die wesentlichen Punkte der Zusammenarbeit regelt. Neben den allgemeinen, bereits im Handelsgesetz, §§ 84 ff., verankerten Rechten und Pflichten sind dies u.a.:

- Gebietsgrenzen bzw. Gebietsschutz
- Kundengruppen
- ggf. Ausschluß von Firmenvertretungen, deren Produktprogramm sich überschneidet oder sogar in Konkurrenz zu unserem steht
- Berichtswesen
- sonstige Richtlinien
- Wettbewerbsverbot

... und natürlich die Entlohnung!

130

Die Grundsätze der Entlohnung des Handelsvertreters (Provision) sind ebenfalls im HGB, §§ 86b ff., geregelt. Sie können natürlich auf die spezifischen Belange unseres Unternehmens zugeschnitten werden und sollten u.a. enthalten:

- Höhe und Art der **Provision**
- Eventuelle **Umsatzstaffeln**
- Unterscheidung zwischen **direkt und indirekt erzielten Umsätzen,** z.B. Folgegeschäfte
- Kosten, die den **Deckungsbeitrag** und damit (evtl.) auch die Provision mindern, wie z.b. besondere Preiszugeständnisse, überdurchschnittlich hohe Frachtkosten u.ä.
- Da die Provisionsabrechnung sich in der Regel auf den Nettoumsatz bezieht, sollten auch diejenigen **Kosten,** die ggf. dem Kunden in Rechnung gestellt werden und dadurch den Nettoumsatz erhöhen, von der Provision ausgeklammert werden. Es sind dies z.b.: Frachtkosten, Rollgeld, Verpackungskosten, Versicherungsspesen, Steuern und sonstige Abgaben, Montagekosten, Kosten für Inbetriebsetzung, Vorhaltekosten u.ä.
- Poolumsätze: Dies sind z.b. Umsätze mit überregional tätigen Einkaufsgemeinschaften, deren Betreuung von der Zentrale aus (Key Account) erfolgt, die evtl. auch ein Zentrallager unterhalten und deren Mitgliedsfirmen bundesweit verstreut sind. Eine exakte Umsatzzuordnung auf den Mitarbeiter bzw. das Gebiet ist hier nicht immer eindeutig möglich (siehe dazu auch „Poolprovision").

Grundsätzlich aber gilt für den Vertrag mit dem freien Handelsvertreter das gleiche Prinzip wie für alle Verträge: Je klarer und differenzierter ein Vertrag auf die spezifischen Belange und Ziele zugeschnitten ist, desto eindeutiger ist auch seine Absicht und desto leichter fällt die Klärung eventueller Meinungsverschiedenheiten. Neben den grundlegenden Fragen der Entlohnung über Provision könnte der Vertrag mit dem Handelsvertreter z.B. auch noch Positionen enthalten wie:

- Zielvereinbarungen
- Zusatzaufgaben und deren Honorierung
- Unterstützung durch das Unternehmen (Werbemaßnahmen, Telefonmarketing u.ä.)
- sonstige Vergütungen wie z.B. Prämien, Boni u.ä.

Im Grunde genommen unterscheidet sich der freie Handelsvertreter hinsichtlich des Entlohnungssystems und der dadurch erzielbaren Möglichkeiten nur in einem wesentlichen Punkt von dem angestellten Mitarbeiter im Außendienst:

Er bekommt keinerlei Fixum und ist nicht im Unternehmen angestellt.

Das bedeutet natürlich auch, daß er weder Gehaltszusatzleistungen noch Sozialleistungen o.ä. erhält. Er ist freier Unternehmer. Insofern kann er **finanziell** nur und ausschließlich über die Provision motiviert werden.

Bei den **restlichen Motivationsmöglichkeiten** stehen uns jedoch dieselben Varianten zur Verfügung wie für den angestellten Mitarbeiter. Möglicherweise müssen wir uns dazu beim Handelsvertreter sogar noch ein wenig mehr einfallen lassen, da er – wie gesagt – ja auch noch andere Firmen vertritt. Ein wesentlicher Faktor ist hier natürlich u.a. die werbliche Unterstützung (Marketing) sowie die Information über unsere Produkte bzw. deren Vorteile gegenüber den Produkten der Mitbewerber.

9.4 Kurze Zusammenfassung

Wie sieht es derzeit in Ihrem Unternehmen aus?

- Was kann ein Mitarbeiter im Außendienst heute in Ihrem Unternehmen verdienen?

  von TDM p. a. _____   bis TDM p. a. _____

- Warum gibt es Verkäufer, die knapp 50 TDM verdienen, und solche, die mehr als das Dreifache davon verdienen (Stichworte)?

_____

_____

_____

- Wie verhalten sich die fixen zu den variablen Gehaltsanteilen?

  Fix: variabel = _____ % : _____ %

- Welches sind die Hauptunterschiede in der prozentualen Verteilung „fix : variabel"?

_____

_____

_____

_____

Wir haben nun also die derzeitige Gehaltssituation ein wenig näher kennengelernt und auch mit den Zahlen im eigenen Unternehmen verglichen. Bei diesem Vergleich sind Sie sicher zu bestimmten Schlüssen gekommen.

Es gibt bei den verschiedenen Gehaltsstrukturen sehr unterschiedliche Varianten, die uns die Möglichkeit geben, unsere speziellen Belange und Unternehmensziele so individuell wie nötig zu berücksichtigen. Insofern kann ein auf den ersten Blick „großzügig" erscheinendes Gehaltsniveau im direkten Vergleich mit anderen Modellen plötzlich gar nicht mehr so großzügig erscheinen und umgekehrt.

Wichtig ist, daß wir die verschiedenen Möglichkeiten und Varianten so einsetzen, daß das Gehalt bzw. das Entlohnungssystem

- die speziellen Belange und Interessen unseres Unternehmens berücksichtigt,
- unsere Mitarbeiter im gewünschten Maß motiviert
- und dem Vergleich mit anderen Unternehmen standhält.

Damit wir den Wirkmechanismus eines Entlohnungssystems auf unsere speziellen Belange ausrichten, sozusagen „maßschneidern" können, müssen wir uns also nach einer exakten Bestandsaufnahme über unsere Zielsetzung völlig im klaren sein. Außerdem sollten wir sämtliche Möglichkei-

ten eines Entlohnungssystems kennen und deren Vor- und Nachteile gegeneinander abwägen. Erst dann können wir beginnen, unser Entlohnungssystem zu entwerfen.

So, jetzt wollen wir aber die Statistiken vorerst wieder verlassen und uns überlegen, welche Konsequenzen wir aus dem bisher Gehörten für unsere derzeitige Situation bereits an dieser Stelle ableiten können.

Zunächst möchten wir Sie bitten, ganz kurz Ihre eigenen Gedanken zu dem bisher Gelesenen zusammenzufassen!

Mein persönliches Resümee bis hierher:

Wir wissen also, daß

- der Mensch prinzipiell motivierbar ist
- die allermeisten Menschen für höhere Leistung auch mehr Lohn erwarten
- der Grad der Motivierbarkeit sehr stark vom „Typ Mensch" abhängt
- es viele verschiedene Motivationsmöglichkeiten gibt
- der Außendienstmitarbeiter eine besondere Spezies Mensch ist
- der Außendienstmitarbeiter am ehesten durch Geld zu motivieren ist
- der typische Außendienstmitarbeiter eher unternehmerisch denkt
- demnach die Interessen des Außendienstes vom Grundsatz her mit denen des Unternehmens übereinstimmen
- der Außendienstmitarbeiter für die Durchsetzung der Unternehmensziele durchaus motivierbar ist
- ein guter Verkäufer immer auch sich selbst verkauft
- der Außendienst auch das Image seines Unternehmens ganz entscheidend prägt
- der typische Außendienstmitarbeiter keine Karriere im Innendienst anstrebt, also durch Karriereangebote kaum zu motivieren ist
- seine Definition von Freiheit durchaus nicht die ist, weniger zu tun, sondern eher mehr – aber „alles zu seiner Zeit"
- der Außendienstmitarbeiter ein ganz besonderes Verhältnis zu seinem Fahrzeug hat
- er neben einem möglichst hohen Einkommen auch sehr stark an Ansehen und Status interessiert ist
- der Markt sich vom „Verkäufermarkt" zum „Käufermarkt" gewandelt hat
- der Außendienst durch die erfolgsgewohnten Jahre ein entsprechendes Anspruchsdenken entwickelt hat
- der Außendienstmitarbeiter meist derjenige ist, der den Markt am besten kennt
- die meisten Märkte in naher Zukunft weiteren, zum Teil gravierenden Veränderungen unterliegen werden
- die Ausgangssituation in Deutschland nicht unbedingt die besten Voraussetzungen bietet, um konkurrenzfähig bleiben zu können
- im Außendienst die wenigste Zeit dem effektiven Verkaufsgespräch gehört
- nicht nur das Fixgehalt, sondern auch die variablen Gehaltsanteile von

Position und Aufgabe des Außendienstmitarbeiters abhängen
- auch die diversen Gehaltszusatzleistungen in direktem Zusammenhang mit Position und Einkommen stehen
- auch der Innendienst teilweise über variable Gehaltsanteile verfügt
- der Schritt in den Innendienst sich für den Außendienstmitarbeiter meist erst nach mehreren Jahren finanziell lohnt
- ein guter Verkäufer heute zum Teil weit über 150 TDM p.a. verdienen kann
- dieses Einkommen allerdings meist nur durch die variablen, leistungsabhängigen Anteile erzielt werden kann.

Und was erwartet das Unternehmen von seinem Außendienst?

Natürlich soll er verkaufen. Aber möglichst so, daß

- er die höchsten Umsätze erzielt
- er die höchsten Marktanteile erreicht
- er eine maximale Kundenbindung erreicht und auch hält
- auch alte Kunden gehalten bzw. noch weiter aktiviert werden
- neue Kunden hinzugewonnen werden
- das Potential jedes einzelnen Kunden zu unseren Gunsten voll ausgeschöpft wird
- die erreichten Umsätze auch für das Unternehmen lohnend sind
- er Veränderungen im Markt rasch erkennt, weitermeldet und auch Konsequenzen einleitet
- er auf diese Veränderungen rasch und flexibel reagiert
- er die Vorstellungen der Unternehmensleitung vor Ort entsprechend realisiert
- er seine volle Arbeitszeit und Arbeitskraft ausschließlich für sein Unternehmen verwendet
- er auch ohne Kontrolle immer im Interesse seines Unternehmens handelt
- er gesteckte Ziele auch erreicht, möglichst sogar übererfüllt
- er seine Zeit so effektiv wie möglich einteilt
- er das Image seines Unternehmens nach außen positiv prägt
- er seinem Kunden gegenüber jederzeit als kompetenter Gesprächspartner auftritt

136

- er fachlich und sachlich über die Produkte, die er bespricht, bestens informiert ist
- u.v.a.m.

Ein ganz schönes Paket an Erwartungen, das wir da unseren Außendienstmitarbeitern aufbürden. Ein guter Teil davon liegt allerdings in der Verantwortung des Unternehmens. Der Außendienstmitarbeiter muß von jenem auch in die Lage versetzt werden, diese Aufgaben zu erfüllen!

Fragen wir uns weiter:

Woran kann es liegen, daß der eine Mitarbeiter im Außendienst „nur" knapp 50 TDM im Jahr verdient, während ein anderer es auf über 150 TDM bringt?

- an der Branche, in der er arbeitet
- an der Berufserfahrung des Mitarbeiters
- an der Position des Mitarbeiters
- an der direkt meß- und zuordenbaren Leistung des Mitarbeiters
- an dem „Ausschöpfungsgrad" des erreichbaren Potentials der variablen Gehaltsanteile.

Es gibt eine Reihe von Faktoren, die der Mitarbeiter nur bedingt oder gar nicht beeinflussen kann. Andere Faktoren dagegen sind sehr wohl durch ihn beeinflußbar. Dies sind diejenigen Faktoren, die in direktem Zusammenhang mit seiner Leistung stehen.

Diejenigen Faktoren, die der Außendienstmitarbeiter direkt und aktiv beeinflussen kann, sollten die Basis für die variablen Gehaltsanteile bilden. Und nur diese!

Die Hauptaufgabe eines Entlohnungssystems ist es, die durch den Mitarbeiter beeinflußbaren Faktoren in den Mittelpunkt des Interesses zu stellen, so daß er dazu motiviert wird, diese im Sinne des Unternehmens positiv zu beeinflussen.

Welches sind die Hauptziele des Außendienstmitarbeiters?

- Er möchte ein möglichst hohes Einkommen.
- Er strebt ein möglichst hohes Maß an persönlicher Freiheit an.
- Er möchte, daß seine Leistung entsprechend anerkannt und honoriert wird.
- Er möchte, daß sein Erfolg auch nach außen sichtbar ist.
- Er will auch ein gewisses Maß an Sicherheit.
- Er strebt nach persönlicher Anerkennung.
- Er will gute Produkte.
- Er will ein gutes Umfeld.
- Er möchte gut informiert sein.
- Er ist auch „außertourlichen Streicheleinheiten" (siehe auch „Gehaltszusatzleistungen") nicht abgeneigt.

In jedem Falle aber will er

- seine Gehaltsentwicklung direkt beeinflussen können,
- die Faktoren, die diese beeinflussen, verstehen und auch nachvollziehen können,
- ein gewisses Mitspracherecht haben.

Wie können wir nun die beiden Interessenlagen Unternehmensziele und Ziele des Außendienstes unter einen Hut bringen? Wir müssen da ansetzen, wo die Hauptinteressen des Außendienstes liegen.

Wie schon gesagt:

> **Die Ziele des Unternehmens**
> **Umsatz = Geld = Erfolg = Ansehen**
> **sind deckungsgleich mit den**
> **Zielen des Außendienstes**
> **Umsatz = Geld = Erfolg = Ansehen.**

Das ist das ganze Geheimnis!
Welches also ist die logische Konsequenz?
Ein entsprechendes Entlohnungssystem muß her!

10. Die verschiedenen Systeme der Entlohnung

10.1 Allgemeines zum Thema Entlohnungssysteme

Betrachten wir zunächst die mögliche Bandbreite der Entlohnungssysteme: Sie reicht von „nur Festgehalt" bis „nur Provision". Dazwischen ist praktisch jede Schattierung möglich und wird auch praktiziert. Jedes Unternehmen hat hier sein eigenes „Patentrezept". Daraus ist der Schluß abzuleiten:

Ein Patentrezept gibt es nicht!

Aber es gibt für jedes Unternehmen bzw. für jede Zielsetzung eine individuelle Lösung, die dem Optimum möglichst nahekommen sollte.

10.2 Festgehalt

Unter dem Fixum bzw. Festgehalt versteht man ein **fest vereinbartes Einkommen, das dem Mitarbeiter in der Regel monatlich ausbezahlt wird.** Heute geht man auch bei der Gehaltsfestlegung für den Außendienst immer mehr dazu über, von einem Jahresgehalt zu sprechen, das sich aus monatlich ausbezahlten Teilbeträgen sowie zusätzlich ausbezahlten Beträgen wie z.B. Weihnachtsgeld, Mitarbeitervergütung, Urlaubsgeld u.ä. zusammensetzt.

In jedem Falle aber ist dieses „Festgehalt" nicht direkt von der Leistung des Mitarbeiters abhängig. Es unterliegt auch z.B. tarifvertraglichen Regeln und Vereinbarungen und ist somit ein gesichertes Einkommen mit allen sozialen Zusatzleistungen. Es geht z.B. auch in das Altersruhegeld (Rente) voll ein.

Das Fixum ist also der „Sicherheitsfaktor".

Als alleinige Entlohnungsform ist das Festgehalt im Außendienst zunehmend seltener anzutreffen, weil es keinen direkten Leistungsanreiz bietet und insofern die guten Verkäufer unzufrieden und die schlechten Verkäufer nicht besser macht.

Demzufolge setzen sich die Gehälter der meisten Mitarbeiter im Außendienst aus einem Fixanteil und einem variablen Anteil zusammen.

Nur ca. 15% aller Unternehmen empfinden heute die Zahlung eines reinen Festgehaltes noch als ideal. **Zweifelsfrei ist dies die seriöseste und edelste Art, seinen Außendienst zu entlohnen.** Er wird dabei am wenigsten unter Druck gesetzt und so nicht zum „Druckverkäufer" erzogen, da er ja unter keinerlei direktem Erfolgszwang steht. Dies merkt natürlich auch der Gesprächspartner, also der Kunde. Er hat dadurch das Gefühl, fachlich gut und objektiv beraten zu werden und seine Entscheidung selbst treffen zu können. Dies kann zwar durchaus zu langfristigen, recht persönlichen Beziehungen zwischen Kunde und Verkäufer führen, birgt jedoch die Gefahr, daß die effektive Kaufentscheidung zugunsten anderer getroffen wird.

Ich selbst war jahrelang als Verkaufsleiter für Außendienstmitarbeiter verantwortlich, die ausschließlich ein Festgehalt hatten. Und ich erinnere mich noch sehr gut an die unzähligen Gehaltsgespräche mit ihnen, wenn es um Gehälter bzw. Gehaltserhöhungen ging. Obwohl das Durchschnittseinkommen entsprechend hoch war und natürlich auch die „sonstigen Leistungen" stimmten, war es immer wieder problematisch, den besseren Verkäufern klarzumachen, daß ihr durchaus begründeter Anspruch auf eine höhere Entlohnung gegenüber weniger erfolgreichen Kollegen nicht oder nur bedingt realisiert werden konnte. Jedenfalls nicht kurzfristig.

Dazu kam die Tatsache, daß die meisten Mitarbeiter im Außendienst auch durch längerfristig in Aussicht gestellte Karrieremöglichkeiten im Innendienst kaum zu motivieren waren, da sie ja gar nicht in den Innendienst wollten. Das Spektrum der Möglichkeiten, gute Mitarbeiter entsprechend zu motivieren oder gar direkt besser zu entlohnen, war also nicht allzu breit.

Auch im Außendienst selbst bestand kaum eine reelle Möglichkeit zur Karriere, da nun einmal nicht jeder z.B. Gebietsleiter werden konnte und auch die Höhe des Einkommens bei der Entlohnungsart „nur Fixum" nach oben hin bald an bestimmte Grenzen stieß. Trotzdem war es immer wieder erstaunlich, wie hoch das Maß an „Eigenmotivation" bei diesen Mitarbeitern war.

Aber das lag und liegt an anderen Faktoren!

Bei der Entlohnungsvariante „nur Fixum" kann und darf das Einkommen nicht im Mittelpunkt des Interesses der Mitarbeiter stehen. Und genau **das ist das Problem**, denn wir wissen, daß „Adi" eben am ehesten durch Geld zu motivieren ist.

Wenn wir uns nun daran erinnern, daß ein guter Verkäufer am ehesten durch Geld zu motivieren ist, dann werden wir bald – ebenso wie 85% aller Unternehmen – erkennen, daß die Entlohnungsform „nur Fixum" für den Außendienst nur in den seltensten Fällen die ideale Entlohnungsform darstellt.

Bei dieser Form der Entlohnung muß u.a. auch das **Umfeld** in ganz besonderem Maße „stimmen":

- Die Arbeitsbedingungen insgesamt müssen möglichst angenehm sein.
- Die Ziele dürfen nicht allzuhoch gesteckt werden.
- Dem „Wir Gefühl" kommt eine entscheidende Bedeutung zu.
- Der Faktor „Mensch" steht im Mittelpunkt.
- Das Durchschnittseinkommen muß entsprechend hoch sein.
- Die „Gehaltszusatzleistungen" müssen überdurchschnittlich sein.
- Es werden besondere Anforderungen auch an Management und Führung gestellt.
- Der Firmenname muß als „Türöffner" bereits genügen.
- Die Produkte müssen überzeugen.
- Der Informationsgrad muß optimal sein.

Schlicht gesagt:

- Der Außendienstmitarbeiter muß das Gefühl haben, an sich schon wichtig genug für seine Firma zu sein, daß sie sich ihn leisten will und kann. Aber dies birgt natürlich auch seine Gefahren.

Die Anforderungen an das Unternehmen sind hier ganz besonders hoch. Ideal ist diese Form der Entlohnung immer dann, wenn sich die Erfolge des Außendienstes nicht direkt in Verkaufszahlen niederschlagen, also nicht direkt meßbar sind. Dies kann zum Beispiel bei einem rein beratenden Außendienst der Fall sein, den sich ein bestimmtes Unternehmen als Service leistet. Auch in diesem Fall geschieht dies zwar mit dem Ziel, Kunden zu gewinnen bzw. zu binden, um letztendlich die Produkte oder Dienstleistungen zu verkaufen. Der Verkauf findet hier jedoch nicht direkt, sondern indirekt statt und ist demzufolge nicht oder nur schwer meß- bzw. zuordenbar.

Wir finden diese Form der Entlohnung heute fast nur noch in alteingesessenen Unternehmen mit relativ konservativer Prägung bzw. in relativ konservativen Branchen (z.B. in der Pharmaindustrie). Meist sind es nur noch die „Marktführer", die sich diesen ethischen Anspruch (der unbestritten auch seine Vorteile hat) noch leisten können und wollen. Doch auch hier ist bereits ein deutlicher Umdenkprozeß im Gange, um den Veränderungen im Markt gerecht zu werden.

Die Entlohnungsform „nur Fixum" hat unbestritten Vorteile, aber natürlich auch Nachteile, sowohl für den Mitarbeiter als auch für das Unternehmen.

Vorteile für den Mitarbeiter:

- hohes Maß an Sicherheit
- meist recht hohes Einkommen, auch im Vergleich zum Innendienst
- kein starker Leistungsdruck
- trotzdem alle Vorteile des Außendienstes (Zusatzleistungen u.ä.)
- meist viele zusätzliche Anreize, die zu Leistung motivieren sollen
- Gehalt geht voll in die Altersvorsorge ein.
- Da der Erfolg häufig nicht direkt meßbar ist, dauert es oft recht lange, bis Schwächen entdeckt und Konsequenzen eingeleitet werden.
- u.a.m.

Vorteile für das Unternehmen:

- Der Kunde fühlt sich seriös beraten.
- Er entwickelt eine entsprechend hohe Meinung über das Unternehmen (Image).
- Der Verwaltungsaufwand für das Entlohnungssystem ist gering.
- Die innere Bindung der Mitarbeiter an die Firma ist meist überdurchschnittlich hoch.
- Die Fluktuationsrate ist gering.
- Die Eigenmotivation der Mitarbeiter ist überdurchschnittlich hoch.
- u.a.m.

Aber sie hat natürlich auch ihre Nachteile.

Nachteile für den Mitarbeiter:

- Er kann sein Gehalt durch Leistung nicht direkt und kurzfristig beeinflussen.
- Seine (Mehr-)Leistung schlägt sich finanziell nicht sofort und direkt nieder.
- Sein Gehalt ist nach oben begrenzt.
- Auch durch Karriere ist meist keine überproportionale Gehaltserhöhung möglich.
- Da seine Leistung häufig nur schwer direkt meßbar ist, kann er sein Können nicht so leicht unter Beweis stellen.
- u.a.m.

Nachteile für das Unternehmen:

- Bedingt durch meist relativ hohe Gehälter entstehen auch entsprechend hohe Sozialabgaben.
- Die Kosten für „Alternativmotivation" sind hoch.
- Es sind keine direkten Anreize möglich.
- Zielvereinbarungen sind schwierig.
- Das Risiko liegt allein beim Unternehmen.
- u.a.m.

10.3 Variable Gehaltsanteile

Provision allgemein

Grundsätzlich sind für die Zahlung einer Provision, wie auch immer sie gestaltet ist, folgende Voraussetzungen unbedingt erforderlich:

- Die erzielten Umsätze müssen dem Mitarbeiter direkt zugeordnet werden können.
- Die Abhängigkeit der Höhe der Provision muß dem Mitarbeiter transparent sein.
- Sie muß auch von der Ehefrau (bzw. dem Ehemann) „verstanden" werden.
- Er muß die Höhe der bezahlten Provision durch seine Leistung selbst beeinflussen können.
- Art und Aufbau der Provision müssen Leistungsanreize bieten.

Nur Provision

Der Mitarbeiter erhält überhaupt kein Festgehalt, sondern nur eine erfolgsorientierte Provision.

Auch dieses andere Extrem wird nur von einem geringen Prozentsatz der Unternehmen als die Idealform der Entlohnung des Außendienstes empfunden und praktiziert. Obwohl bei dieser Entlohnungsform sicherlich der höchste Leistungsanreiz für den Außendienst und damit eindeutige Vorteile für das Unternehmen erzielt werden, so sind damit doch auch ganz erhebliche Nachteile und Gefahren verbunden.

Der Mitarbeiter, der nur Provision erhält, also nur nach seiner Leistung bezahlt wird, kommt an sich dem selbständigen Unternehmer am nächsten – und damit dem eigentlichen Idealbild des Außendienstmitarbeiters. Sein Sicherheitsbestreben ist seiner Risikobereitschaft untergeordnet. Sein Erfolgswille dominiert. Er kommt von seiner Gedankenstruktur dem selbständigen Unternehmer am nächsten.

Wer nur nach Erfolg bezahlt wird – „ohne Netz und ohne doppelten Boden"–, der ist auf sich selbst gestellt, also selbständig.

Daher ist dieses Gehaltsmodell eigentlich nur für einen Typ „Außendienstmitarbeiter" anwendbar: **den freien Mitarbeiter bzw. den freien Handelsvertreter.** Bei der Entlohnung von eigenen, d.h. angestellten Außendienstmitarbeitern, kommt zu dem variablen Gehaltsanteil immer auch ein fixer Anteil. Doch dazu später…

Auch die Entlohnungsform „nur Provision" hat unbestritten Vorteile, sowohl für den Mitarbeiter als auch für das Unternehmen.

Vorteile für den Mitarbeiter:

- nach oben offene Einkommensskala
- Gesamtsituation am ehesten mit der eines freien Unternehmers vergleichbar
- nur geringe Kontrollmaßnahmen
- meist für mehrere Unternehmen tätig (Handelsvertreter), also: nicht nur von einem einzigen Unternehmen abhängig
- kann weitestgehend seinen eigenen „Marketing-Mix" entwickeln und realisieren
- gestaltet am direktesten sein Einkommen selbst.

Vorteile für das Unternehmen:

- Risiko zunächst voll beim Verkäufer
- keine oder nur geringe Sozialleistungen
- kein wesentlicher Personalaufwand
- kein oder nur geringer Verwaltungsaufwand
- hohe Leistungsmotivation.

Aber auch sie hat ebenso auch ihre Nachteile.

Nachteile für den Mitarbeiter:

- volles Risiko
- keine soziale Absicherung (z.B. auch keine betriebliche Altersvorsorge!)
- kein entsprechendes Umfeld im Unternehmen
- sehr hoher Leistungsdruck.

Nachteile für das Unternehmen:

- Steuerbarkeit des Außendienstes schwierig
- Gefahr des „Druckverkaufes"
- Gefahr des nicht bedarfsgerechten Verkaufes
- Gefahr der Entstehung eines negatives Unternehmensbildes beim Kunden (= Image!)
- Durchsetzung z.B. strategischer Ziele recht problematisch.

Wir haben uns nun zunächst nur mit den beiden extremen Entlohnungssystemen beschäftigt, um anhand der Vor- und Nachteile dieser beiden Extreme ein Gefühl dafür zu entwickeln, wo wir ansetzen müssen, um für unser Unternehmen bzw. für unsere speziellen Belange und Ziele ein möglichst optimales Entlohnungssystem zu entwickeln.

Da diese Überlegungen die Basis dafür bilden, den „goldenen Mittelweg" zu finden, tragen Sie bitte Ihr bisheriges Resümee hier nochmals kurz ein:

Umsatzprovision

Die Umsatzprovision bezieht sich, wie der Name schon sagt, nur auf den Umsatz, den der Mitarbeiter erzielt. Es wird also der reine Umsatz bewertet und eine bestimmte, dem Umsatz direkt proportionale Einkommenskomponente, die Umsatzprovision, bezahlt.

Das heißt im Klartext: Je mehr Umsatz getätigt wird, desto höher ist auch das Einkommen.

Wir unterscheiden bei der Umsatzprovision zwischen verschiedenen Versionen:

- lineare Umsatzprovision
- progressive Umsatzprovision
- degressive Umsatzprovision.

Lineare Umsatzprovision

Bei der linearen Umsatzprovision erhält der Mitarbeiter eine feste, klar definierte Provision auf den von ihm erzielten Umsatz

- entweder in Form von prozentualen Anteilen oder auch in der Art,
- daß pro verkaufte Einheit ein bestimmter Betrag als Provision bezahlt wird.

Wie auch immer, es läuft stets auf den folgenden Nenner hinaus: **Jede Mark Umsatz bringt Provision, ohne Wenn und Aber.**

Vorteile:

- starker Leistungsanreiz für den Mitarbeiter
- direkte, recht einfach zu erkennende Auswirkung vom Umsatz auf das Einkommen
- Außendienstkontrolle kann reduziert werden, da die Leistung sich direkt im Einkommen niederschlägt
- relativ einfach zu handhaben
- Risikoverteilung zwischen Mitarbeiter und Unternehmen.

Nachteile:

- Nur der Umsatz, nicht der Gewinn steht im Vordergrund.
- Leistungsanreize sind undifferenziert.
- Es können keine spezifischen Firmenziele wie z.B. gezielter Verkauf verschiedener Produkte forciert werden.

147

- Erhebliche Unterschiede im Einkommen der Mitarbeiter können eintreten.
- Das Einkommen des Mitarbeiters unterliegt auch Schwankungen, die er selbst nicht zu verantworten hat (konjunkturbedingt, gesetzlich bedingt u.ä.).

Beispiele:

- Was soll bzw. kann ein Außendienstmitarbeiter wohl dagegen tun, wenn der Gesetzgeber bestimmte Produkte, die jahrelang zu den Hauptumsatzträgern seines Unternehmens zählten, praktisch unverkäuflich macht, indem er deren Verordnung – und damit im Prinzip auch deren Verbrauch – so stark erschwert, daß diese kaum noch verkäuflich sind? (Siehe z.B. Gesundheitsstrukturreform.) Er kann dagegen ebensowenig unternehmen wie sein Arbeitgeber. Ist also sein Einkommen stark vom Umsatz dieser Produkte abhängig, so geht in diesem Fall das Einkommen sehr deutlich zurück, ohne daß der Mitarbeiter die Möglichkeit hat, kurz- oder mittelfristig etwas daran zu ändern.
- Was kann denn ein Außendienstmitarbeiter z.B. dafür, wenn bestimmte Mängel bzw. auch Sicherheitsvorschriften oder Normen den Verkauf eines Produktes unmöglich machen oder den Hersteller zwingen, bereits verkaufte Produkte zurückzurufen bzw. eventuell ganz vom Markt zu nehmen? Er ist für solche Probleme nicht zur Verantwortung zu ziehen, da er sie weder verursacht hat noch in der Lage ist, sie zu beeinflussen.

Ein seriöses Unternehmen wird bei seinem Entlohnungssystem auch diese Problematik mit berücksichtigen!

Progressive Umsatzprovision

Eine etwas verfeinerte Form der Umsatzprovision ist die „progressive Umsatzprovision". Sie wird in der Praxis ebenfalls häufig gehandhabt, weil sie ähnlich einfach aufgebaut ist wie die lineare Umsatzprovision und ebenfalls starke Leistungsanreize bietet. Der Unterschied zur linearen Umsatzprovision ist der, daß hier mit zunehmendem Umsatz auch der Provisionssatz steigt. **D.h., der Mitarbeiter bekommt für verschiedene Umsatzwerte verschieden hohe Provisionssätze.**

Dies ermöglicht eine etwas bessere Steuerung der Unternehmensziele und bietet dem Mitarbeiter nochmals deutlich höhere Leistungsanreize als die lineare Umsatzprovision. Bereits bei dieser relativ einfachen Provisionierung sind verschiedene Modelle denkbar, die die Vielseitigkeit der Differenzierungsmöglichkeiten, aber auch die Vielschichtigkeit des Problems Entlohnungssysteme deutlich machen. Wir wollen anhand der beiden in der Praxis am häufigsten verwendeten Modelle zunächst das Prinzip der progressiven Umsatzprovision verdeutlichen.

Obwohl sich auch hier das Gehalt von angestellten Außendienstmitarbeitern in der Regel wieder aus einem fixen und einem variablen Anteil zusammensetzt, wollen wir uns bei den folgenden Beispielen vorerst jedoch nur mit dem variablen Anteil beschäftigen:

Als Berechnungsgrundlage für die Provision werden zunächst bestimmte **Umsatzziele (Bandbreiten)** festgelegt. Immer dann, wenn eine bestimmte Umsatzschwelle überschritten wird, steigt der Prozentsatz der Provision. Auch dieser Prozentsatz muß zunächst festgelegt werden und dient dann als Anreiz, die nächste Stufe zu erreichen. Die folgende Tabelle soll das Prinzip der progressiven Umsatzprovision zunächst an einem willkürlich gewählten Modell verdeutlichen:

Beispieltabelle für progressive Umsatzprovision

Erzielter Umsatz TDM	Bandbreite TDM	Provision %
0 bis 100	100	2
100 bis 200	100	3
200 bis 300	100	4
300 bis 400	100	5
400 bis 450	50	6
über 450	unbegrenzt	8

Nun gibt es zunächst zwei Möglichkeiten, die prozentuale Vergütung zu berechnen:

1. Der erzielte **Gesamtumsatz** wird als Bemessungsgrundlage für den Prozentsatz der Provision genommen. D.h., je höher der Umsatz, desto höher ist auch der Prozentsatz der Gesamtprovision.
2. **Jede Umsatzbandbreite wird einzeln** mit dem entsprechenden Prozentsatz vergütet. Die daraus resultierenden Einzelsummen ergeben dann die Gesamtprovision.

Beide Versionen werden heute relativ häufig praktiziert!

Beispiele für progressive Umsatzprovision

Basis für die folgenden Beispielrechnungen ist immer die oben gezeigte Beispieltabelle. Wir möchten auf den folgenden Seiten zeigen, wie gravierend sich (bei im Prinzip gleicher Ausgangsbasis) relativ kleine Unterschiede in der Art der Entlohnung letztendlich auswirken können. Betrachten wir zunächst die erste Version:

Der Prozentsatz für die Provision richtet sich nach dem erzielten Gesamtumsatz. Die dabei erreichte „Stufe" ist hier also die Berechnungsgrundlage für die Gesamtprovision.

Beispiel 1: Mitarbeiter A hat einen Gesamtumsatz von DM 399.000,– erzielt. Er ist also am Ende der 4. Stufe angelangt und erhält demzufolge eine Provision in Höhe von 5% auf seinen Gesamtumsatz, also DM 19.950,–.

Erzielter Umsatz TDM	Bandbreite TDM	Erreicht TDM	Provision %	Provision DM
0 bis 100	100	100	2	
100 bis 200	100	100	3	
200 bis 300	100	100	4	5
300 bis 400	100	99	5	
400 bis 450	50	–	6	
über 450	unbegrenzt	–	8	5
Gesamt:		**399**	**5**	**19.950,00**

150

Beispiel 2: Mitarbeiter B wird nach demselben Modell entlohnt. Er hat jedoch in unserem 2. Beispiel einen Umsatz von DM 405.000,– erzielt. Dadurch kommt er in die nächsthöhere Provisionsstufe. Sein Gesamtumsatz wird jetzt mit 6% Provision vergütet, und er erhält DM 24.300,–.

Erzielter Umsatz TDM	Bandbreite TDM	Erreicht TDM	Provision %	Provision DM
0 bis 100	100	100	2	
100 bis 200	100	100	3	
200 bis 300	100	100	4	
300 bis 400	100	100	5	
400 bis 450	50	5	6	
über 450	unbegrenzt	–	8	
	Gesamt	**405**	**6**	**24.300,00**

Obwohl Mitarbeiter B nur DM 6.000,– mehr umgesetzt hat als sein Kollege im ersten Beispiel, erhält er DM 4.350,– mehr an Provision. Für DM 6.000,– Umsatz erhält unser Mitarbeiter B also DM 4.350,– Provision!

Ganz schön viel, nicht wahr? Aber es kommt noch schlimmer!

Nach der alten Weisheit, daß wir am besten die Vor- und Nachteile eines Systems an dessen Extremen erkennen können, zeigen wir an dem folgenden Extrembeispiel die fatale Wirkung dieses Modells, um Ihr Verständnis für die Notwendigkeit zu wecken, genügend Zeit und Überlegungen in das Entlohnungssystem Ihrer Wahl zu investieren.

In den folgenden beiden Modellrechnungen liegen unsere Mitarbeiter im Umsatz nur DM 2.000,– auseinander, der eine erhält jedoch für seine DM 2.000,– Mehrumsatz ganze DM 13.490,– mehr an Provision!

Beispiel 3: Mitarbeiter C erzielt einen Umsatz von DM 449.000,–. Er erhält dafür eine Provision in Höhe von 6% (= DM 26.940,–).

Erzielter Umsatz TDM	Bandbreite TDM	Erreicht TDM	Provision %	Provision DM
0 bis 100	100	100	2	
100 bis 200	100	100	3	
200 bis 300	100	100	4	
300 bis 400	100	100	5	
400 bis 450	50	49	6	
über 450	unbegrenzt	–	8	
Gesamt		**449**	**6**	**26.940,00**

Beispiel 4: Mitarbeiter D erzielt einen Umsatz von DM 451.000,–. Er erhält dafür eine Provision in Höhe von 8% (= DM 36.080,–). Dies sind DM 13.490,– mehr als sein Kollege, Mitarbeiter C, obwohl dieser nur DM 2.000,– weniger Umsatz erzielte!

Erzielter Umsatz TDM	Bandbreite TDM	Erreicht TDM	Provision %	Provision DM
0 bis 100	100	100	2	
100 bis 200	100	100	3	
200 bis 300	100	100	4	
300 bis 400	100	100	5	
400 bis 450	50	50	6	
über 450	unbegrenzt	1	8	6
Gesamt:		**451**	**8**	**36.080,00**

Fehlentscheidungen können hier also ganz schön viel Geld kosten! Wenden wir uns nun der nächsten Variante der progressiven Umsatzprovision zu.

Bei dieser Variante richtet sich der Provisionssatz nach den jeweiligen Umsatzbandbreiten. Die Provision steigt hier also progressiv gemäß den **erreichten Umsatzschwellwerten**, wobei aber nicht der gesamte erzielte Umsatz mit dem höheren Prozentsatz vergütet wird, sondern nur der entsprechende Betrag innerhalb der jeweils erreichten „Bandbreiten".

Diese werden für die Bemessung zunächst festgelegt und richten sich, ebenso wie die Prozentsätze, nach den betrieblichen Gegebenheiten. Auch hier dient wieder unsere o.g. Beispieltabelle als Berechnungsgrundlage.

Beispiel 5: Nehmen wir also an, Mitarbeiter E hat einen Umsatz von DM 425.000,– erzielt. Er erhält demnach den jeweils der erreichten Bandbreite entsprechenden, festgelegten Provisionssatz. Dieser steigt je nach erreichter Umsatzhöhe progressiv an, quasi „von Stufe zu Stufe". Die einzelnen Teilbeträge addieren sich so auf den Gesamtbetrag, den er für den erzielten Umsatz erhält:

Erzielter Umsatz TDM	Bandbreite TDM	Erreicht TDM	Provision %	Provision DM
0 bis 100	100	100	2	2.000,00
100 bis 200	100	100	3	3.000,00
200 bis 300	100	100	4	4.000,00
300 bis 400	100	100	5	5.000,00
400 bis 450	50	25	6	1.500,00
über 450	unbegrenzt	–	8	–
	Gesamt:	**425**	**3,64**	**15.500,00**

In diesem Fall also erhält unser Mitarbeiter E für die von ihm erzielten DM 425.000,– Umsatz eine Provision in Höhe von DM 15.000,–. Dies entspricht einem durchschnittlichen Prozentsatz von 3,64%.

Betrachten wir nun diese Variante ebenfalls am Beispiel der beiden zuvor aufgeführten Extremmodellrechnungen:

Beispiel 6: Hier erzielt nun unser Mitarbeiter C ebenfalls wieder einen Umsatz von DM 449.000,– (siehe Beispiel 3). Er erhält dafür jetzt jedoch nur noch eine Provision in Höhe von DM 16.940,–. Dies entspricht jetzt aber nur noch einem Prozentsatz von 3,77% gegenüber 6% in Beispiel 3.

Erzielter Umsatz TDM	Bandbreite TDM	Erreicht TDM	Provision %	Provision DM
0 bis 100	100	100	2	2.000,00
100 bis 200	100	100	3	3.000,00
200 bis 300	100	100	4	4.000,00
300 bis 400	100	100	5	5.000,00
400 bis 450	50	49	6	2.940,00
über 450	unbegrenzt	–	8	–
	Gesamt	**449**	**3,77**	**16.940,00**

Wir sehen an diesem Beispiel, daß nicht nur die Gesamtprovision deutlich „moderater" ausfällt als bei der vorhergehenden Variante (**Gesamtumsatz** als Bemessungsgrundlage für die Provision), sondern daß auch der Prozentsatz viel näher an der „verkraftbaren" Grenze liegt, obwohl das erreichbare Ziel auch hier mit 8% recht hoch liegt. **Aber eben nur für die letzten Umsatzzahlen und nicht für den gesamten Umsatz. Dies ist ein kleiner, aber ganz wesentlicher Unterschied!**

Beispiel 7: Hier erzielt unser Mitarbeiter D ebenfalls wieder einen Umsatz von DM 451.000,– wie in Beispiel 4. Er erreicht damit ebenfalls die höchste Stufe und erhält dafür eine Provision in Höhe von DM 17.080,–. Dies entspricht einem Prozentsatz von 3,79%.

In diesem Falle liegt die Provision für die erzielten DM 2.000,– an Mehrumsatz gegenüber seinem Kollegen jedoch mit DM 140,– in einem durchaus vertretbaren Rahmen.

Erzielter Umsatz TDM	Bandbreite TDM	Erreicht TDM	Provision %	Provision DM
0 bis 100	100	100	2	2.000,00
100 bis 200	100	100	3	3.000,00
200 bis 300	100	100	4	4.000,00
300 bis 400	100	100	5	5.000,00
400 bis 450	50	50	6	3.000,00
über 450	unbegrenzt	1	8	80,00
Gesamt		**451**	**3,79**	**17.080,00**

Während also in unserem Beispiel 4 bei dem ersten Modell „Bewertung des Gesamtumsatzes" im Extremfall für DM 2.000,– Umsatz eine Provision in Höhe von DM 13.490,– (!) bezahlt werden muß, liegt dieser Betrag bei unserem zweiten Modell „Provision nach Umsatzbandbreiten" nur noch bei DM 140,–!

Wichtig !

Das heißt, bei exakt gleichen Grundvoraussetzungen beträgt der Unterschied zwischen den beiden Modellen für DM 2.000,– Umsatz sage und schreibe DM 13.350,– an Provision!

Bleiben wir also bei der zweiten Variante, der Bemessung der Umsatzprovision nach den jeweils erreichten Umsatz-Bandbreiten.

Lernen wir nun zunächst eine weitere, noch etwas differenziertere Variante kennen, die in der Praxis besonders häufig angewendet wird:

Beispiel 8: Progressive Umsatzprovision mit Sockelbetrag

In diesem Fall wird bei der Provisionsfestlegung zunächst davon ausgegangen, daß ein bestimmter Umsatz-Sockelbetrag ohne jede Sonderleistung des Mitarbeiters auf jeden Fall erzielt wird. Dieser Betrag wird demzufolge nicht mit einer Provision bedacht, da dieser „Sockelumsatz" bereits mit dem Fixanteil des Einkommens abgegolten ist. Er kann auch als sogenannte „Garantieprovision" in das Entlohnungssystem eingehen. Erst wenn der vorgegebene Sockel erreicht ist, fängt die eigentliche Provisionsberechnung an und findet dann wie zuvor beschrieben statt.

Erzielter Umsatz TDM	Bandbreite TDM	Erreicht TDM	Provision %	Provision DM
0 bis 100	100	100	0	–
100 bis 200	100	100	2	2.000,00
200 bis 300	100	100	3	3.000,00
300 bis 400	100	100	4	4.000,00
400 bis 450	50	25	5	1.250,00
über 450	unbegrenzt	–	8	–
Gesamt		**425**	**2,41**	**10.250,00**

Zum Vergleich hier nochmals die Provision in Prozent und DM ohne Sockelbetrag aus unserem Beispiel 5 von zuvor:

Gesamt:	**425**	**3,64**	**15.500,00**

Wir sehen also, daß die Einbeziehung eines provisionsfreien Sockelbetrages einen deutlichen Unterschied in der Provision ausmacht. Bei gleichen Umsätzen ist sowohl der Prozentsatz der erzielten Provision als auch der

Gesamtbetrag deutlich niedriger. **Trotzdem sind die Grundbedingungen im Prinzip gleich geblieben!**

Die Einbeziehung eines Sockelbetrages bietet eine Reihe von zusätzlichen Möglichkeiten der Feinsteuerung:

- Er ist in der Höhe variabel veränderbar.
- Er kann veränderten Gegebenheiten von Jahr zu Jahr angepaßt werden und so für einen Ausgleich von Einkommensschwankungen sorgen, die der Mitarbeiter selbst nicht beeinflussen kann, sowohl nach oben wie auch nach unten.
- Er ist auch dazu geeignet, die untere Schwelle des variablen Gehaltsanteiles eventuell gestiegenen Umsätzen anzupassen, also die Unternehmensziele entsprechend den Gegebenheiten neu zu definieren.
- Er ist auch dazu geeignet, z.B. gewollte Gehaltsunterschiede zwischen verschiedenen Mitarbeitern oder auch Gruppen von Mitarbeitern (Teams) zu schaffen, obwohl für alle z.B. das gleiche Grundmodell der Provision gilt.
- Er ist auch z.B. dazu geeignet, in der Anfangs- bzw. Einarbeitungsphase eines neuen Mitarbeiters eine gewisse „Garantieprovision" zu gewährleisten.
- Er eignet er sich auch dazu, Mitarbeitern, die „nur Provision" , also kein Fixum bekommen (in der Regel freie Mitarbeiter), ein garantiertes Einkommen zu gewährleisten und sie so an die Firma zu binden.

Der Sockelbetrag versetzt uns in die Lage, verschiedene Interessenlagen zu berücksichtigen und unser Entlohnungssystem bereits etwas differenzierter zu gestalten.

Fassen wir nochmals die Vor- und Nachteile der progressiven Umsatzprovision gegenüber der linearen Umsatzprovision kurz zusammen:

Vorteile:

Zu den bereits von der linearen Umsatzprovision her bekannten Vorteilen kommen noch:

- Der Leistungsanreiz ist durch steigende Provisionssätze mit zunehmenden Umsätzen wesentlich höher.

- Umsatzrückgänge betreffen zunächst die oberen Provisionssätze und reduzieren dadurch die Betriebsausgaben, aber auch die Einkommen der Außendienstmitarbeiter ganz deutlich.
- Bei zusätzlicher Berücksichtigung eines nicht verprovisionierten Sockelbetrages verfügen wir über ein Steuerinstrument, welches positive und negative Entwicklungen im Markt berücksichtigen und die Gehaltsentwickung entsprechend beeinflussen kann.

Nachteile:

Auch die bereits bei der linearen Umsatzprovision genannten Nachteile treffen im Prinzip auf die progressive Umsatzprovision zu. Dazu kommen, bedingt durch den deutlich höheren Anreiz für den Mitarbeiter, aber noch folgende Nachteile hinzu, die bei unseren späteren Überlegungen berücksichtigt werden sollten:

- Die Gefahr des Strebens nach höheren Umsätzen, die dem Unternehmen aber keine zusätzlichen Gewinne bringen, ist noch größer.
- Die Gefahr des „Druckverkaufes" ist größer, mit allen bereits erwähnten Nachteilen.
- Umsatzsteigerungen werden durch die progressive Provision für das Unternehmen immer teurer.

Pool-Umsatzprovision

Diese Provisionsart berücksichtigt Umsätze, die nicht direkt einem Mitarbeiter zugeordnet werden können. Sie kann Anwendung finden sowohl bei der Entlohnung angestellter Außendienstmitarbeiter als auch beim freien Handelsvertreter.

Poolumsätze sind Umsätze mit Kunden, deren Betreuung von der Zentrale aus erfolgt und deren Mitgliedsfirmen bundesweit verstreut sind (Key Account). Eine exakte Umsatzzuordnung auf den einzelnen Mitarbeiter bzw. das Gebiet ist hier nicht immer eindeutig möglich.

Beispiel:

Nehmen wir an, daß die normale Umsatzprovision 5% beträgt. Dann könnte dies für die Poolumsätze folgendermaßen aussehen:

Die Poolprovision beträgt insgesamt 2,0% des im Wirtschaftsjahr getätigten Nettoumsatzes. Diese teilt sich wie folgt auf:

1. Direktprovision:
Der Gebietsvertreter, in dessen Gebiet sich die Einkaufsgemeinschaft (Zentrallager) befindet, erhält 0,25% des Nettoumsatzes als Vergütung für dessen Mehraufwand an Betreuung.

2. Pool-Umlageprovision:
Die restlichen 1,75% des Nettoumsatzes werden auf die einzelnen Gebiete umgelegt. Die Umlage kann sich z.b. einfach nach der Anzahl der Mitglieder der Einkaufsgemeinschaft in dem entsprechenden Gebiet richten.

In der Praxis könnte dies so aussehen:

Eine Einkaufsgemeinschaft tätigt mit uns einen Umsatz pro Jahr in Höhe von 10 Mio. DM. Sie hat 150 Mitglieder, und die Einkaufszentrale befindet sich im Gebiet West 1.

Beispiel für Pool-Umsatzprovision

Gebiet TDM	Anzahl Mitglieder in diesem Gebiet	Poolprovision für Gebietsvertreter 1,75% Umlage	Direktprovision für Gebietsvertreter 0,25%	Provision gesamt DM
Nord	24	28.000,00 DM		28.000,00
MItte	26	30.333,33 DM		30.333,33
West 1	21	24.500,00 DM	25.000,00 DM	49.500,00
West 2	25	29.166,67 DM		29.166,67
Ost 1	26	30.333,33 DM		30.333,33
Süd 1	28	32.666,67 DM		32.666,67
Gesamt	**150**	**175.000,00 DM**	**25.000,00 DM**	**200.000 DM**

Degressive Umsatzprovision

Wie der Name schon sagt, ist die degressive Umsatzprovision die Umkehrung der zuvor beschriebenen progressiven Provision. Höhere Umsätze werden also mit geringeren Prozentsätzen verprovisioniert als niedrigere.

Eine derartig restriktive Provisionsregelung mag im ersten Moment völlig unsinnig erscheinen. Sie wird den Mitarbeiter im Außendienst wohl kaum motivieren, eher demotivieren.Wo also liegt der Sinn dieser Provisionsform?

Mitunter kann es durchaus sinnvoll sein, die Verkäufer ein wenig zu bremsen. Dies ist z.B. immer dann der Fall, wenn die Nachfrage größer ist als das Angebot.

Erinnern wir uns an die bereits erwähnte Zeit der „Verkäufermärkte". Damals war es durchaus üblich, daß die Produktion hinter den Aufträgen herhinkte. In einer solchen Situation hatte eine degressive Umsatzprovision durchaus ihre Berechtigung. **Aber auch heute gibt es Situationen, in denen wir mögliche Umsätze bremsen müssen.**

Gehen wir z.B. davon aus, daß wir in einem neu erschlossenen Markt noch nicht über die nötige Infrastruktur, z.B. ein flächendeckendes Servicenetz, verfügen. Hier würde uns in der Anfangsphase ein zu großer Verkaufserfolg echte Probleme bringen, die langfristig unserem Image schaden könnten. Eine restriktive Verkaufspolitik wäre hier also durchaus angebracht und also auch eine degressive Umsatzprovision. Allerdings sind derartige Situationen leider recht selten geworden.

In aller Regel bilden Situationen, welche die degressive Provision sinnvoll erscheinen lassen, wohl eher die Ausnahme.

10.4 Kurze Zusammenfassung

Ist das Einkommen eines Außendienstmitarbeiters direkt an den Umsatz gekoppelt, so steigt die Gefahr, daß er diesen mit allen Mitteln hochtreiben will. Dies kann dazu führen, daß er dem Kunden gegenüber zu allen möglichen Zugeständnissen bereit ist, die diesen zwar befriedigen und zu höherem Umsatz anspornen, der Gewinn des Unternehmens wird dabei aber völlig außer acht gelassen.

Er wird Rabatte gewähren und sonstige Zugeständnisse machen, nur um den Umsatz in die Höhe zu treiben. Dies kann im Extremfall dazu führen, daß ein Mitarbeiter seinem Unternehmen zwar „tolle" Umsätze bringt, unter dem Strich aber kein Gewinn mehr übrigbleibt.

Die folgende Tabelle soll dies verdeutlichen. Gehen wir davon aus, daß ein bestimmtes Produkt einen Rohertrag von 30% bringt, dann wirkt sich der gewährte Rabatt wie folgt auf den noch verbleibenden Gewinn aus:

	Verkaufs-preis DM	Einstands-preis DM	Rohertrag DM	Rabatt (auf VK) %	Rabatt DM	Gewinn DM
Beispiel 1	100,00	70,00	30,00	5,00	5,00	25,00
Beispiel 2	100,00	70,00	30,00	10,00	10,00	20,00
Beispiel 3	100,00	70,00	30,00	15,00	15,00	15,00
Beispiel 4	100,00	70,00	30,00	20,00	20,00	10,00
Beispiel 5	100,00	70,00	30,00	30,00	30,00	NULL!

Dieses Beispiel macht deutlich, daß der Gewinn sehr bald von dem gewährten Rabatt aufgezehrt wird, wenn wir hier nicht rechtzeitig die „Bremse ziehen".

Die folgenden Sätze sind zwar Trivialweisheiten, aber sie sind dennoch nicht immer so im Gedächtnis verhaftet, wie sie dies eigentlich sein sollten. **Sie gelten für alle Entlohnungssysteme, die den Umsatz als Hauptkriterium heranziehen.**

Immer wieder haben wir feststellen müssen, daß diese einfachen Regeln grob vernachlässigt werden, weil man sie sich einfach nicht genügend bewußt macht. Sie sollten jedoch Basisbausteine eines jeden Entlohnungssystems sein:

- Der erzielte Mehrumsatz ist nicht zwangsläufig auch mit Mehrgewinn gleichzusetzen. Mitunter kann Mehrumsatz sogar zu Mindergewinnen führen.
- Wenn wir hier nicht steuernd eingreifen, sind wir vielleicht sehr bald ruiniert!
- So manches Entlohnungssystem ist in der Konsequenz dazu geeignet, den Mitarbeiter zwar zu motivieren, das Unternehmen jedoch zu ruinieren.

Konsequenz (und dies gilt für alle Provisionsformen, die sich nur auf den Umsatz beziehen): Der Außendienstmitarbeiter darf praktisch keinen Einfluß auf die Preisgestaltung haben. Er muß sich an eine klar vorgegebene Richtlinie halten und darf nur „nach Preisliste" verkaufen.

Andernfalls besteht die Gefahr, daß er seinen Kunden überhöhte Preiszugeständnisse macht, die zwar den Umsatz – und damit seine Provision – in die Höhe, die Unternehmensgewinne jedoch in den Keller treiben. Ich habe selbst erlebt, wie so mancher Klein- und Mittelbetrieb durch diese Art der Außendienstentlohnung kaputtging.

Spät, oft zu spät, wurde erkannt: Umsatz um jeden Preis ist der falsche Weg!

Oft wird auch heute noch, in einer Zeit, in der in der Regel betriebswirtschaftliche Überlegungen im Vordergrund und die Unternehmensgewinne im Mittelpunkt der Betrachtung stehen, der Umsatz als wesentliche Meßlatte angesehen. Dies ist meist dann der Fall, wenn

- neue Firmen in den Markt drängen und Marktanteile erobern wollen oder
- alteingesessene Firmen verlorene Marktanteile zurückerobern möchten oder
- eigentlich veraltete Produkte noch am Leben erhalten werden sollen.

Aus welchen Gründen auch immer der Umsatz zunächst im Vordergrund steht, einen Grundsatz sollten wir nie außer acht lassen:

Ein Preis, der erst einmal im Keller ist, kann so leicht nicht wieder angehoben werden!

Dieser Satz, so simpel er auch klingen mag, wird nach unserer Erfahrung immer noch viel zu oft mit Füßen getreten! Wenn jedoch erst einmal die Gefahren erkannt sind, die prinzipiell mit einer rein umsatzorientierten Denkweise einhergehen, und wenn wir erkannt haben, daß wir diese Denkweise durch unser Entlohnungssystem verursachen, ja sogar belohnen, dann sollte klar sein, was geschehen soll:

Das Entlohnungssystem muß geändert werden!

Rekapitulieren wir nochmals kurz die Nachteile eines Entlohnungssystems, welches nur die Umsätze als Meßlatte nimmt:

- Der Mitarbeiter im Außendienst kann nur eng umrissene Kompetenzen haben, da sonst die Gefahr besteht, daß „Umsatz um jeden Preis" gemacht und durch überhöhte Rabatte u.ä. die Gewinne minimiert werden.
- Er muß sich demzufolge strikt an die „Preisliste" halten und kann nicht flexibel auf besondere Gegebenheiten reagieren.
- Er ist nicht „der kompetente Gesprächspartner" für seinen Kunden. Eventuell notwendige Entscheidungen bzw. Sonderpreisvereinbarungen trifft die Verkaufsleitung. Das kann mitunter lange, manchmal zu lange dauern.
- Seine Motivation hält sich in Grenzen, da er immer wieder „gebremst" werden muß.
- Er ist mit der Situation letztlich nicht zufrieden.
- Oder er wird zum „Druckverkäufer" erzogen, weil nur Umsatz zählt.
- Durch daraus häufig resultierende, nicht bedarfsgerechte Beratung leidet das Firmenimage.
- Manche Entlohnungssysteme sind letztlich ruinös für das Unternehmen.
- Die Einkommensunterschiede zwischen den Mitarbeitern sind oft sehr groß. Dies kann zwar zunächst durchaus zu höheren Leistungen motivieren, aber auf Dauer entstehen zwangsläufig Spannungsfelder, die das notwendige „Wir-Gefühl" stören.
- Unzufriedenheit und Unruhe im Außendienst sind die Folgen. Dies bleibt auf die Dauer auch dem Kunden nicht verborgen!
- Das Verhältnis zwischen Außendienst und Innendienst ist häufig recht gespannt, da der Außendienstmitarbeiter Umsatz machen will und die notwendige „Bremse" des Innendienstes nicht akzeptiert.
- Unternehmensziele können nur schwer durchgesetzt werden.

Bei dieser Art der Entlohnung stellt sich zwangsläufig die folgende Denkweise ein:

„Ich könnte ja jede Menge Umsatz machen, wenn die mich nur ließen!"

Daß für den Fortbestand des Unternehmens und damit auch für den Fortbestand des einzelnen Mitarbeiters, ob Innen- oder Außendienst, aber auch noch andere Kriterien eine Rolle spielen, muß vielen Mitarbeitern, die bisher nur Umsatzziele gekannt haben und die nur nach Umsatz entlohnt wurden, häufig erst klargemacht werden.

Denn:

Die Vorteile der reinen Umsatzprovision liegen meist auf der Seite des Außendienstes und sind diesem natürlich klar. Er hat sich daran gewöhnt und will sie nicht mehr missen. Die damit verbundenen Nachteile liegen oft nicht ganz so klar auf der Hand.

So manches Unternehmen muß hier für die Sünden der Vergangenheit büßen. Alte Gewohnheiten müssen über Bord geworfen, neue Maßstäbe gesetzt werden. Grundsätzliche Gedankenstrukturen, die oft jahre- oder sogar jahrzehntelang ein Unternehmen geprägt haben, müssen überdacht und den neuen Erfordernissen angepaßt werden.

Dies ist nicht ganz einfach, da – erinnern wir uns – unser Außendienst eines unserer sensibelsten Instrumente ist.

Wenn wir also ein neues Entlohnungssystem einführen möchten, so erfordert dies sehr viel Fingerspitzengefühl.

Nicht nur klar soll es sein, sondern auch „schmackhaft" für den Außendienst.

Denn es soll motivieren und nicht demotivieren!

Die Vor- und Nachteile der rein umsatzorientierten Entlohnung kennen wir jetzt. Suchen wir im folgenden Kapitel also nach Lösungswegen.

11. Lösungswege

Wie können wir

- nicht nur den Umsatz, sondern auch den Gewinn verbessern?
- den Außendienst gezielter für die Interessen des Unternehmens motivieren?
- bestimmte Produkte stärker bewerben?
- Marktanteile hinzugewinnen?
- neue Kunden hinzugewinnen?
- alte Kunden halten bzw. noch weiter an uns binden?
- vorhandene Potentiale besser nutzen?
- unsere Ziele differenzierter formulieren und auch durchsetzen?

Zur Beantwortung dieser Fragen gehen wir zunächst auf den Deckungsbeitrag ein.

11.1 Deckungsbeitrag

Der Deckungsbeitrag ist die Differenz aus Umsatzerlösen und variablen Kosten, die zur Deckung der fixen Kosten sowie zur Erzielung von Gewinn benötigt wird.

Sehen wir uns zunächst kurz die wesentlichen Kostengruppen an, die in einem Unternehmen entstehen und damit den Unternehmensgewinn beeinflussen, ohne zunächst eine Gewichtung vorzunehmen:

- direkte Erlösschmälerungen
- variable Kosten Vertrieb
- variable Kosten Produktion
- Fixkosten Produktion / Einstandskosten
- Kosten Außendienst
- Unternehmensgemeinkosten.

Nachdem die variablen Kosten einerseits primär für den Deckungsbeitrag eines Produktes am Gesamtgewinn des Unternehmens verantwortlich sind und andererseits eben diese variablen Kosten teilweise direkt durch unsere Außendienstmitarbeiter verursacht bzw. von diesem beeinflußt werden können, liegt der Schluß nahe, diese variablen Kosten in unser Entlohnungssystem mit einzubeziehen, um die Nachteile der reinen Umsatzprovision zu eliminieren.

Wenn wir nun also diese Kosten in unser Entlohnungssystem mit einbeziehen, das heißt mit unserem Entlohnungssystem nicht nur den Umsatz, sondern auch den Gewinn optimieren möchten, dann kommen wir zur Deckungsbeitragsprovision.

11.2 Deckungsbeitragsprovision

Bei sämtlichen Varianten eines variablen Entlohnungssystems, also auch bei der Deckungsbeitragsprovision, müssen unbedingt die folgenden Grundvoraussetzungen erfüllt werden:

- Sie muß für den Mitarbeiter verständlich und nachvollziehbar sein.
- Sie muß von diesem auch akzeptiert werden.
- Die das Einkommen bestimmenden Faktoren müssen vom Außendienstmitarbeiter beeinflußbar sein.
- Mehrleistung muß entsprechend honoriert werden.
- Sie soll genügend Leistungsanreize bieten.
- Sie soll dazu geeignet sein, die Ziele des Unternehmens zu den Zielen des Außendienstmitarbeiters zu machen!

Wichtigste Voraussetzung für die Einführung eines deckungsbeitragsorientierten Entlohnungssystems ist natürlich, daß die entsprechenden Zahlen und Fakten erfaßt, aufbereitet und transparent gemacht werden.

Der Mitarbeiter im Außendienst bzw. eine bestimmte Außendienstgruppe (Gebiet, Team) wird/werden zum **„PROFIT CENTER". Zunehmend wird in dieses Team auch der Innendienst** mit einbezogen. Alle zusammen sind für den Deckungsbeitrag in ihrem Gebiet zuständig!

Schematische Deckungsbeitragsrechnung

Bruttoumsatz ./. Erlösschmälerungen (Rabatte, Boni, Skonti u.ä.)
= Nettoumsatz
./. variable Kosten (Herstellungskosten/Wareneinsatz)
= Deckungsbeitrag I
./. Direkt zuordenbare Kosten (AD/Gebiet/Team)
= Deckungsbeitrag II (Gebietsergebnis/Teamergebnis)
./. Unternehmensgemeinkosten ./. Fixkosten Produktion ./. Werbung u.ä.
= Betriebsergebnis

Da bei der allgemeinen Deckungsbeitragsrechnung auch viele betriebswirtschaftliche bzw. auch betriebsinterne Faktoren berücksichtigt werden müssen, treten in der Praxis erfahrungsgemäß zunächst folgende Hauptprobleme auf:

- Sehr viele Unternehmen, insbesondere Klein- und Mittelbetriebe, sind heute noch gar nicht in der Lage, sämtliche für eine korrekte Deckungsbeitragsrechnung relevanten Daten zur Verfügung zu stellen.
- Selbst wenn dies für das Gesamtunternehmen vielleicht möglich ist, geht es nicht so weit in die Tiefe, um daraus ein für den Außendienst transparentes, nachvollziehbares und somit gerechtes Entlohnungssystem abzuleiten.
- Dadurch ist der Sinn eines solchen Entlohnungssystems von vornherein in Frage gestellt, da die obengenannten Hauptkriterien nicht erfüllt werden können.
- Viele Unternehmen scheuen sich auch, ihren Mitarbeitern gegenüber „die Karten auf den Tisch zu legen". Sie möchten ihre betriebsinterne Deckungsbeitragsrechnung nicht offen dokumentieren. Die berechtigte Sorge, daß diese Daten früher oder später bei der Konkurrenz landen könnten, hält sie davor zurück.

Also doch zurück zur Umsatzprovision? Oder gibt es einen Weg, wie wir aus dieser Sackgasse herauskommen und trotzdem unser Entlohnungssystem mehr auf den Gewinn ausrichten können?

Betrachten wir dazu die Kosten, die den Unternehmensgewinn beeinflussen, zunächst noch etwas genauer.

11.3 Deckungsbeitrag als Ergebnisrechnung

Beispiele

Beispiel 1: Ergebnisrechnung Mitarbeiter

	Team A TDM	Mitarbeiter 1 TDM	Mitarbeiter 2 TDM
Bruttoumsatz	1.000	500	500
./. Erlösschmälerungen in TDM/%*	250/25	100/20	150/30
= Nettoumsatz	750	400	350
./. **variable Kosten in TDM/%**	390/39	200/40	190/38
= Deckungsbeitrag I in TDM/%	360/36	200/40	160/33
Direkt zuordenbare Kosten			
in TDM/%	315/32	150/30	165/33
= Deckungsbeitrag II in TDM/% (Gebietsergebnis/Teamergebnis)	45/4,5	50/10	-5/-1
↑ **Bis hierher für Außendienst** ↑ ↓ **Ab hier für Führungsebene** ↓			
./. Unternehmensgemeinkosten, Fixkosten Produktion, Werbung u.ä. in TDM/%	10/1	5/1	5/1
= Betriebsergebnis in TDM/%	35/3,5	45/9	-10/-2

* % jeweils bezogen auf den Brottoumsatz, gerundet auf ganze Zahlen

Kommentar:

Während **Mitarbeiter 1** weniger Rabatte gibt und daher mit relativ geringen Erlösschmälerungen zum gleichen Umsatz kommt wie Mitarbeiter 2, liegen die ihm direkt zuordenbaren Kosten sogar noch unter denen seines Kollegen. Er hat also zudem sparsamer gewirtschaftet und erhält außerdem vielleicht auch noch ein niedrigeres Fixum, weil er z.B. schon länger bei der Firma ist und sich damals nicht so gut „verkauft" hat wie sein jüngerer Kollege, Mitarbeiter 2.

Mitarbeiter 2 gibt deutlich höhere Rabatte und erzielt trotzdem nur den gleichen Umsatz wie sein Kollege, Mitarbeiter 1. Obwohl die ihm zugeordneten variablen Kosten etwas niedriger sind als bei Mitarbeiter 1 (z.B. durch einen anderen Produkt-Mix der von ihm verkauften Produkte), liegt er bereits beim DB I deutlich unter dem Ergebnis seines Kollegen.

Bei den ihm zuordenbaren Kosten liegt er trotz des schlechteren DB I abermals höher als Mitarbeiter 1. Dadurch ergibt sein **DB II ein negatives Ergebnis**. Dieses negative Ergebnis wirkt sich natürlich auf das Teamergebnis ebenso aus wie auf das Gebiets- bzw. Gesamtergebnis und findet letztlich auch im Betriebsergebnis seinen Niederschlag.

Konsequenzen für unser Entlohnungssystem:

- Der Deckungsbeitrag II ist eindeutig vom Außendienstmitarbeiter beeinflußbar.
- Einem schlechten Deckungsbeitrag kann nur dadurch entgegengesteuert werden, daß sich dies im Entlohnungssystem auswirkt.
- Eine Kürzung des Einkommens durch „Bestrafung" eines schlechten Deckungsbeitrages vermindert automatisch auch die „direkt zuordenbaren Kosten" und verbessert dadurch den Deckungsbeitrag.

Die gleiche Beispielrechnung kann für verschiedene Verdichtungsstufen Anwendung finden:

- Team zu Gebiet
- Gebiet zu Region
- Region zu Land
- Land zu Ländergruppe usw.

Das Prinzip ist immer dasselbe: Höhere Kosten werden durch geringere Provision „bestraft" und dadurch der Deckungsbeitrag letztlich wieder verbessert.

Unsere Mitarbeiter haben z.B. einen Rabattspielraum bis zu 25% auf den Abgabepreis. Die Provision staffelt sich entsprechend dem gegebenen Rabatt. Dies könnte etwa so aussehen:

Tabelle 1

Gewährter Rabatt	Provisionssatz
Kein Rabatt (Listenpreis)	8%
1% bis 4%	7%
5% bis 9%	6%
10% bis 14%	5%
15% bis 19%	3%
20% bis 25%	1%

Die Umsatzprovision für den Mitarbeiter ist um so höher, je weniger Rabatte er gibt. Dies können wir auf verschiedene Arten erreichen:

Modell A

Bei der Provision wird als Basis für den Umsatz der Listenpreis genommen. Dieser Umsatz wird dann gemäß dem gewährten Rabatt mit einem gestaffelten Provisionssatz gemäß der oben gezeigten Tabelle 1 versehen und wirkt sich entsprechend auf das Einkommen des Mitarbeiters aus (siehe Tabelle 2).

Modell B

Bei der Provision wird als Basis für den Umsatz nicht der Listenpreis, sondern der effektiv erzielte und fakturierte Verkaufserlös (Nettoumsatz) genommen. Da dieser bereits rabattbereinigt ist, kann der Nettoumsatz mit einem gleichbleibenden Provisionssatz vergütet werden. Zum besseren Vergleich haben wir diesen gleichbleibenden Povisionssatz mit 5% angenommen, da dies bei Modell A der Durchschnittswert ist.

In der folgenden Tabelle 2 werden diese beiden Varianten gegenübergestellt.

Tabelle 2

Modell A			Modell B		
Gewährter Rabatt %	Provision %	**DM** Provision je 1000 DM Umsatz	Nettoumsatz (DM, rabatt-bereinigt)	Provision %	**DM** Provision je 1000 DM Umsatz
0	8	80,–	1000	5	50,–
4	7	70,–	960	5	48,–
9	6	60,–	910	5	45,50
14	5	50,–	860	5	43,–
19	3	30,–	810	5	40,50
25	1	10,–	750	5	37,50
Summe		300,–			264,50
Ø DM		50,–			44,–
Ø %		5			4,4

Kommentar:

An diesem Beispiel sehen wir, wie sich höhere Rabatte und damit geringerer Umsatzerlös in einer geringeren Provision niederschlagen.

Bei gleicher Ausgangssituation und gleicher Zielvorgabe erreichen wir mit Modell A, daß die durchschnittliche Gesamtprovision zwar etwas höher liegt, aber auch die Unterschiede zwischen den einzelnen Rabattspannen deutlich stärker in die Provision eingehen als bei Modell B. Bei **Modell B** liegen die einzelnen Provisionssätze deutlich näher beisammen, die Durchschnittsprovision ist niedriger als in Modell A.

Beispielrechnung:

Hätte also ein Mitarbeiter nach **Modell A** DM 10.000 Umsatz zum Listenpreis erzielt (0% Rabatt), so bekäme er dafür DM 800,– an Provision. Für die gleiche Leistung erhält der Mitarbeiter nach **Modell B** nur DM 500,–.

Gibt der Mitarbeiter jedoch den höchsten Rabatt (25%), so erhält er nach **Modell A** nur noch DM 100,– für DM 10.000,– Umsatz, nach **Modell B** jedoch DM 375,– für DM 10.000,– Bruttoumsatz.

Konsequenzen für unser Entlohnungssystem:

Wollen wir erreichen, daß möglichst wenig Rabatte gewährt werden, dann ist sicherlich unser Modell A besser geeignet. Wollen wir aber in dieser Hinsicht weniger steuernd eingreifen und dafür insgesamt im Durchschnitt etwas geringere Provisionen bezahlen, dann ist Modell B besser geeignet.

Die Deckungsbeitragsrechnung kann natürlich auch für weitere Ergebnisrechnungen angewandt werden, die für die Beurteilung der Leistung bzw. des Erfolges unseres Außendienstes relevant sind und demzufolge zur Steuerung und Motivation des Außendienstes herangezogen werden können.

Ähnlich wie zuvor bei den Mitarbeitern können wir **auch bei den Produkten** gravierende Unterschiede erkennen, die uns zu Konsequenzen veranlassen müssen. Im folgenden Beispiel wollen wir uns ansehen, wie sich der Gesamtumsatz eines Mitarbeiters auf die einzelnen Produkte aufteilt und welche Konsequenzen wir daraus ableiten können. Der Einfachheit halber gehen wir zunächst nur von zwei Produkten bzw. Produktgruppen aus.

172

Beispiel 2: Ergebnisrechnung eines Mitarbeiters nach Produkten bzw.
Produktgruppen

	Mitarbeiter TDM	Produkt A TDM	Produkt B TDM
Bruttoumsatz ./. Erlösschmälerungen in TDM/%*	500 100/20	300 50/17	200 50/25
= Nettoumsatz	400	250	150
./. variable Kosten in TDM/%	200/40	200/67	50/25
= Deckungsbeitrag I in TDM/%	200/40	50/10	100/50
Direkt zuordenbare Kosten in TDM/%	150/30	80/27	70/35
= Deckungsbeitrag II in TDM/%	50/10	-30/-10	30/15
↑ Bis hierher für Außendienst ↑ ↓ Ab hier für Führungsebene ↓			
./. Unternehmensgemeinkosten, Fixkosten Produktion, Werbung u.ä. in TDM/%	5/1	10/3	5/2
= Betriebsergebnis in TDM/%	45/9	-40/-13	25/13

* % jeweils bezogen auf den Brottoumsatz, gerundet auf ganze Zahlen

Kommentar:

In diesem Beispiel betreibt unser Mitarbeiter für das Produkt A gemessen am
Umsatz sogar weniger Aufwand als für das Produkt B, der DB ist jedoch trotzdem negativ. Dies liegt in diesem Fall nicht an unserem Mitarbeiter, sondern
am Produkt selbst. Die variablen Kosten (Herstellung, Einkauf) sind so hoch,
daß bereits unser DB I mit 33 % deutlich schlechter ist als bei Produkt 2 (50 %).

Konsequenzen für unser Entlohnungssystem:

Da Produkt A bei vergleichbarem Bewerbungsaufwand deutlich geringere Gewinne abwirft als Produkt B, sollten wir uns überlegen, ob wir dieses Produkt im Sortiment behalten wollen oder nicht. In diesem Modell
wird der noch positive DB I durch die Außendienstkapazität bereits im
DB II negativ. Unser Mitarbeiter hat – gemessen am Deckungsbeitrag –
unverhältnismäßig viel Zeit für Produkt A verwandt.

Wir werden also entweder die variablen Kosten für Produkt A durch betriebsinterne Maßnahmen senken müssen oder den Außendienst dazu anhalten, weniger Zeit für dieses Produkt aufzuwenden. Auch das können wir über unser Entlohnungssystem steuern, indem wir Produkt A mit einem geringeren Provisionssatz ausstatten als Produkt B. Auch bei der Betrachtung des Deckungsbeitrages nach Produkten sind wieder die verschiedensten Verdichtungsstufen denkbar, die uns in die Lage versetzen, sowohl Konsequenzen hinsichtlich unseres Entlohnungssystems einzuleiten als auch firmenpolitische Schlüsse zu ziehen.

Beispiel für ein Provisionsmodell, welches die Deckungsbeiträge der Produkte bzw. Produktgruppen berücksichtigt:

Wir wollen in dem folgenden kleinen Beispiel diejenigen Produkte, die einen höheren Deckungsbeitrag aufweisen, mit einer höheren Provision versehen als solche mit geringerem DB. Dazu werden die Produkte zunächst entsprechend ihrem errechneten **Deckungsbeitrag I** in bestimmte Kategorien eingeteilt und dann die dafür zu erzielenden Provisionssätze festgelegt. Diese Aufgabe obliegt der Verkaufsleitung und sollte jedes Jahr Bestandteil der Gehaltsplanung bzw. Zielvereinbarung sein.

Beispiel 3: Umsatzprovision nach DB I

Produkt bzw. Produktgruppe (Gewichtet nach Deckungsbeitrag)	Durchschnittlicher DB I	Provisionssatz
Produkt(gruppe) A	20 %	3 %
Produkt(gruppe) B	30 %	4 %
Produkt(gruppe) C	40 %	5 %

Es wird hier also der DB I, für den der Außendienstmitarbeiter nicht verantwortlich ist, in unser Entlohnungssystem mit einbezogen. Die Kosten, die dem Außendienstmitarbeiter zugeordnet werden können und zum DB II führen, werden in anderen Teilen der Entlohnung (siehe vorheriges Beispiel) berücksichtigt.

Der nächste Faktor, den wir betrachten wollen, sind unsere Kunden.

Wie bereits gesagt, sollte auch das vorhandene Kundenpotential sehr genau dahingehend durchleuchtet werden, ob es sich überhaupt lohnt, Zeit und Geld in einen oder mehrere Besuche zu investieren, oder ob diese Zeit nicht besser anderen Kunden gewidmet werden sollte, deren Deckungsbeitrag dies eher zuläßt.

Bei dieser rein deckungsbeitragsorientierten Betrachtungsweise besteht allerdings die Gefahr, das eigentliche Umsatzpotential des Kunden zu vernachlässigen. Dies zu verhindern ist ebenfalls Aufgabe unseres Entlohnungssystems.

Im folgenden Beispiel wollen wir nun den Umsatz unseres Mitarbeiters danach beurteilen, wie er sich auf seine Kunden bzw. Kundengruppen aufteilt. Zum besseren Verständnis haben wir auch hier wieder dieselben relativ einfachen Verhältnisse angenommen wie bei den Produkten, nur eben bezogen auf Kunden oder Kundengruppen.

Beispiel 4: Ergebnisrechnung nach Kunden bzw. Kundengruppen

	Mitarbeiter TDM	Kunde A TDM	Kunde B TDM
Bruttoumsatz	500	300	200
./. Erlösschmälerungen in TDM/%*	100/20	50/17	50/25
= Nettoumsatz	400	250	150
./. variable Kosten in TDM/%	200/40	200/67	50/25
= Deckungsbeitrag I in TDM/%	200/40	50/10	100/50
Direkt zuordenbare Kosten in TDM/%	150/30	80/27	70/35
= Deckungsbeitrag II in TDM/% (Gebietsergebnis/Teamergebnis)	50/10	-30/-10	30/15
↑ **Bis hierher für Außendienst** ↑ ↓ **Ab hier für Führungsebene** ↓			
./. Unternehmensgemeinkosten, Fixkosten Produktion, Werbung u.ä. in TDM/%	5/1	10/3	5/2
= Betriebsergebnis in TDM/%	45/9	-40/-13	25/13

* % jeweils bezogen auf den Brottoumsatz, gerundet auf ganze Zahlen

175

Kommentar:

Auch bei unseren Kunden lohnt sich eine Analyse des Deckungsbeitrages. Daß der DB I auch bei unseren Kunden recht unterschiedlich ausfällt, kann z.B. an den Produkten liegen, die er bei uns kauft. Wenn er nur Produkte mit niedrigem DB kauft, liegt zwangsläufig auch sein DB I niedrig. Wenn dazu noch unser Mitarbeiter für diesen Kunden überproportional viel Zeit verwendet und vielleicht zusätzlich noch mit besonders guten Konditionen lockt, dann liegt der DB II sehr rasch „im Keller", wie hier bei unserem **Kunden A.**

Eigentlich dürfte Kunde A überhaupt nicht mehr besucht werden, und Umsätze mit ihm dürften nicht mit einer Provision belohnt, sondern müßten mit einem „Abzug" bestraft werden. Dies geschieht auch (siehe vorherige Beispiele) – direkt oder indirekt.

Aber: Wenn ein Kunde mit uns wenig oder den „falschen" Umsatz macht, heißt das nicht unbedingt, daß er nicht potentiell besser werden könnte. Wir müssen, um die richtige Entscheidung zu treffen, sein Gesamtpotential analysieren: „Was könnte er theoretisch von uns abnehmen?"

Konsequenzen für unser Entlohnungssystem:

Auch der Deckungsbeitrag unserer Kunden sollte sich im Entlohnungssystem widerspiegeln, damit wir die vorhandene Außendienstkapazität so sinnvoll wie möglich einsetzen und nutzen.

Erinnern wir uns: Nur 5% der gesamten Zeit stehen für das effektive Verkaufsgespräch zur Verfügung!

Um bei der Kundenbeurteilung eventuell schwerwiegende Fehler hinsichtlich der Einschätzung seines Potentials zu vermeiden, sollte jedoch auch das Potential des Kunden in das Entlohnungssystem mit einbezogen werden. Das setzt natürlich eine entsprechende „Potentialanlyse" voraus. Diese sollte jedes Jahr Bestandteil der Gehaltsplanung bzw. Zielvereinbarung sein, die zwischen Außendienstmitarbeiter und Verkaufsleitung getroffen wird. Den dabei ermittelten „Potentialfaktor" sollten wir bei unserem Entlohnungssystem mit berücksichtigen, um „die Spreu vom Weizen" zu trennen.

Auch hier wieder ein Beispiel, welches neben dem Deckungsbeitrag des Kunden bzw. der Kundengruppe auch das mögliche Potential berücksichtigt.

Bewertungsskala: von 0,5 bis 2
(hohes Potential = hoher Potentialfaktor, niedriges Potential = niedriger Potentialfaktor)

Beispiel 5: Kundenorientierte Umsatzprovision (DB und Potential werden berücksichtigt)

Kunde	DB I	DB-orientierte Provision	Potential-faktor	Effektive Provision
A	5	1 %	1	1 %
B	10	2 %	0,7	1,4 %
C	20	3 %	0,9	2,7 %
D	30	4 %	2	8 %
E	5	1 %	1,5	1,5 %
F	10	2 %	1,3	2,6 %
G	10	2 %	0,5	1 %
H	30	4 %	1,1	4,4 %

Neben der „kundengerechten" Provision erzielen wir bei diesem Modell noch einen wichtigen Nebeneffekt: Im Rahmen der Potentialermittlung und der damit verbundenen jährlich zu treffenden Zielvereinbarung erreichen wir, daß sich der Mitarbeiter intensiv mit jedem seiner Kunden geistig auseinandersetzt und sich Gedanken darüber macht, was er erreichen kann und wie er dies erreichen will.

Fazit: Der Deckungsbeitrag wird von unseren Mitarbeitern beeinflußt, ob nun die Betrachtung nach Produkten erfolgt oder nach Kunden.

Ein modernes Entlohnungssystem sollte möglichst sämtliche Faktoren berücksichtigen, die Einfluß auf das Betriebsergebnis nehmen können. Wenn wir unsere Mitarbeiter im Außendienst zu gewinnorientiertem Den-

ken und Handeln anleiten wollen, wird der Deckungsbeitrag, also auch die Deckungsbeitragsprovision, in unserem Entlohnungssystem eine zentrale Rolle einnehmen.

Planung und Zielvereinbarung

Wenn die Deckungsbeitragsrechnung unser Entlohnungssystem entscheidend mit beeinflussen soll, so muß sie natürlich bereits bei der Planung bzw. der daraus resultierenden Zielvereinbarung, die wir mit unseren Außendienstmitarbeitern treffen, berücksichtigt werden. Auch dafür eignet sich die Deckungsbeitragsrechnung hervorragend!

Die Planung sollte jährlich im voraus erfolgen und in das allgemeine Planungsprocedere des Unternehmens einfließen. Die sich daraus ergebenden Planzahlen dienen der Feinplanung für das folgende Geschäftsjahr und der vorläufigen Zielvorgabe. Diese ist die Basis für die mit den Mitarbeitern im Außendienst (und auch Innendienst) zu treffenden Zielvereinbarungen. Damit bilden sie auch die Basis für die jährlich neu festzulegenden variablen Gehaltsanteile.

Wer welche Zahlen zu planen hat, haben wir in der folgenden Tabelle „Der Deckungsbeitrag als Planungsinstrument" veranschaulicht.

Deckungsbeitrag als Planungsinstrument	Umsatz/Mitarbeiter		Umsatz/Kunde		Umsatz/Produkt	
	Planung	Kommentar	Planung	Kommentar	Planung	Kommentar
Bruttoumsatz ./. Erlösschmälerungen (Rabatte, Boni, Skonti u.ä.)	Verantwortung liegt beim ADM	Geplante Veränderungen: Zielvereinbarung	Verantwortung liegt beim ADM	Geplante Veränderungen: Zielvereinbarung	nicht relevant	Kann nicht auf das Produkt heruntergebrochen werden
= Nettoumsatz	ADM/VL	Ziel vereinbaren	ADM/VL	Ziel vereinbaren	ADM/VL	Ziel vereinbaren
./. variable Kosten (Herstellkosten, Wareneinsatz)	Firmenleitung, Produktmanager	Ist-Stand überprüfen, ggf. ändern	ADM / VL	Produkt-Mix überprüfen, ggf. ändern	Produktmanager optimieren	Bei Planung berücksichtigen,
= DB I	VL (verdichtet)	VL regt ggf. Konsequenzen an	VL (verdichtet)	VL regt ggf. Konsequenzen an	VL/Produktmanager	Mittel- bzw. langfristig
./. Zuordenbare Kosten Personalkosten, Sachkosten, Muster, Kfz, Spesen, Warenabgabe u.ä.	ADM, gemeinsam mit VL bzw. mit Team	Diese Kosten gehen direkt in das Entlohnungssystem ein. Sie sind zu planen u. zu kommentieren	ADM, Team, gemeinsam mit VL bzw. GVL	Muster- bzw. Kosten für Warenabgabe u.ä. können geplant und kommentiert werden (Zielvereinbarung)	ADM/Team /VL gemeinsam mit Produktmanager	Hier können z.B. Vorgaben gemacht und Limits gesetzt werden
= DB II (Gebietsergebnis/ Teamergebnis)	ADM, gemeinsam mit VL bzw. mit Team	Ergebnis der Planung geht in die Zielvereinbarung ein	ADM, Team gemeinsam mit VL bzw. GVL	Ergebnis der Planung geht in die Zielvereinbarung ein	ADM/Team/VL gemeinsam mit Produktmanager	Ergebnis der Planung geht in die Zielvereinbarung ein
./. UGK ./. Fixkosten Produktion ./. Werbung u.ä.	VL gem. einsa m mit der verschiedenen relevanten Abteilungen	Dienen letztlich als Basis für die Gesamtentlohnung (fix und variabel)	In dieser Ebene nicht zu planen	Die Unternehmenskosten können kaum bis zum Kunden heruntergebrochen werden	Produktmanager gemeinsam mit den verschiedenen Abteilungen	Ist Bestandteil der Mittel- bzw. langfristigen Unternehmensplanung
= Betriebsergebnis	Controlling				Controlling	

11.4 Kosten

Wir haben es bei der Deckungsbeitragsrechnung mit einer Reihe von Kosten zu tun, die der Außendienst direkt verursacht bzw. durch seine Tätigkeit direkt beeinflussen kann, und auch mit solchen, die er überhaupt nicht beeinflussen kann, also auch nicht zu verantworten hat.

Unser Entlohnungssystem darf natürlich nur diejenigen Kosten berücksichtigen, die dem Außendienst direkt zuordenbar sind. **Es wird sich also auf den Deckungsbeitrag II in unserem Schema beziehen.**

Überlegen wir uns also zunächst, welche Kostenarten der Außendienst nicht beeinflussen kann, also auch nicht zu verantworten hat, und welches diejenigen Faktoren sind, die tatsächlich vom Außendienst beeinflußt und somit also auch von ihm „verursacht" werden:

KOSTENART	Vom Außendienst beeinflußbar?
Bonus	ja
Skonto	nein
Rabatt	ja
Finanzierungskosten/Mahnwesen	nein
Kosten Warenabgabe (Verpackung, Versand, Transport u.ä.)	teilweise
Muster- und Werbekosten/Außendienst	ja
Personalkosten Außendienst (Einkommen, Spesen, Pkw u.ä.)	ja
Sachkosten Außendienst (Telefon, Büromaterial u.ä.)	ja
Personalkosten Innendienst (Einkommen, Zusatzleistungen etc.)	nein
Wareneinkauf bzw. Herstellungskosten	nein
Raumkosten	nein
Reparaturen, Instandhaltung	nein
Werbekosten/Reisekosten/Kfz-Kosten Innendienst	nein
Sonstige Sozialleistungen	nein
Versicherungsbeiträge	nein
Betriebliche Steuern	nein
Abschreibungen	nein
Finanzierungskosten/Zinsaufwand für Fremdkapital	nein
Übrige Steuern	nein

Wir sehen, daß eigentlich nur wenige Kostenarten direkt vom Außendienstmitarbeiter verursacht bzw. von diesem beeinflußt werden, diesem also direkt „zuordenbar" sind. Es sind dies

- Bonus
- Rabatt
- teilweise Kosten, die mit der Warenabgabe zusammenhängen
- Muster- und Werbekosten Außendienst
- Personalkosten Außendienst (Einkommen, Spesen, Pkw u.ä.)
- Sachkosten Außendienst (Telefon, Büromaterial u.ä.).

Ein Prinzip, welches von den meisten Menschen als „gerecht" empfunden wird, ist das **Verursacherprinzip**. Dieses Grundprinzip in der Kostenrechnung besagt, daß einem Kostenträger oder sonstigem Bezugsobjekt (Produktart, Produktgruppe, Kostenstelle, Betriebsbereich o.ä.) nur diejenigen Kosten zugerechnet werden, die dieser auch verursacht hat.

Wenn wir also nach diesem Prinzip nur diejenigen Kostenfaktoren in unser Entlohnungssystem einbeziehen, die nachvollziehbar auch vom Außendienst verursacht werden, dann können wir davon ausgehen, daß dies vom Mitarbeiter auch akzeptiert wird. Wir müssen dabei nicht unbedingt weiter in die Tiefe gehen, als dies für das Verständnis des Mitarbeiters notwendig und sinnvoll ist.

Die Deckungsbeitragsrechnung kann in ihrer Betrachtungstiefe durchaus der jeweiligen Hierarchiestufe bzw. Aufgabenstellung angepaßt werden und somit gleichzeitig auch als Planungsinstrument (= Zielvereinbarung) eingesetzt werden.

Wir müssen jetzt nur noch ein System finden, das diese Faktoren auch tatsächlich berücksichtigt und entsprechend gewichtet.

11.5 Kosten, die vom Außendienst beeinflußt werden können

Setzen wir uns also nun mit der Bewertung derjenigen Kosten, die tatsächlich vom Außendienst verursacht oder von diesem beeinflußt werden, kurz auseinander.

Bonus

Bei einem Bonus handelt es sich um einen Preisnachlaß, der sich auf bestimmte Abnahmemengen oder Leistungen in einer bestimmten Periode bezieht und rückwirkend ausbezahlt wird. D.h., dieser Preisnachlaß wirkt sich **erst nach der vereinbarten Periode** erlösschmälernd aus!

Da der Bonus bei der Rechnungsstellung zunächst nicht transparent ist und von der normalen Fakturierung nicht erfaßt wird, müssen dafür entsprechende Rückstellungen gebildet und Möglichkeiten geschaffen werden, um diese Erlösschmälerungen zu erfassen und zu berücksichtigen. Zum Beispiel wird die Berechtigung für den Jahresbonus im Jahr 1995 durch den vom Kunden in diesem Jahr getätigten Gesamtumsatz erworben und nach Jahresabschluß im Jahr 1996 an diesen ausbezahlt. Erst dann schlägt sich diese Erlösschmälerung effektiv in den Büchern nieder. Sie muß jedoch bei unserem Entlohnungssystem berücksichtigt werden.

Beispiel: Jahresbonus

Mit einem Kunden wird folgende Vereinbarung getroffen:

Bei einem Jahresumsatz von 100 TDM erhält er 2% Bonus =   2.000 DM
Bei einem Jahresumsatz von 200 TDM erhält er 3% Bonus =   6.000 DM
Bei einem Jahresumsatz von 300 TDM erhält er 4% Bonus = 12.000 DM

Die mögliche Erlösschmälerung beim Umsatz dieses Kunden (und damit auch beim Umsatz unseres Mitarbeiters) liegt also zwischen 0 und 12.000 DM. Da die tatsächliche Summe erst am Jahresende feststeht, kann sie auch erst beim Jahresabschluß berücksichtigt werden.

Hinsichtlich der Auswirkung auf das Einkommen des Mitarbeiters haben wir verschiedene Möglichkeiten:

- Abrechnung am Jahresende mit der Konsequenz, daß dann die Provision im Januar des Folgejahres um den entsprechenden Betrag gekürzt wird
- monatliche Berücksichtigung der zu erwartenden Erlösschmälerung bei der ausbezahlten Provision und Endabrechnung am Jahresende

Rabatt

Wir unterscheiden hier zwischen einer Vielzahl von Möglichkeiten. Grundsätzlich handelt es sich bei einem Rabatt immer um einen Preisnachlaß, der für bestimmte Leistungen des Abnehmers gewährt wird und mit dem Produkt zusammenhängt.

Rabattgewährung verändert den Preis und ist damit auch ein Mittel der Preisvariation. Es ist dies die mit Sicherheit häufigste und auch differenzierteste Möglichkeit des Außendienstes, den Verkauf über den Preis zu gestalten und damit die Kosten für das Unternehmen zu erhöhen bzw. den Gewinn zu minimieren.

Die wichtigsten Rabattformen möchten wir hier kurz nennen:

- Funktionsrabatt

Rabatt, der für unterschiedliche **Leistungen** gewährt wird. Es existieren mehrere Formen. Oftmals ist ein Funktionsrabatt ein Pauschalrabatt, der in der Regel dem Handel gewährt wird und ein Entgelt für die Handelsfunktionen darstellt, die Groß- und Einzelhandel ausüben. Diese Form des Rabattes sollte an klare, nachvollziehbare Leistungen geknüpft sein, da wir hier dem „Goodwill" des Verkäufers keinen allzugroßen Spielraum lassen sollten. Es besteht nicht der geringste Grund, sich vor der entsprechenden Definition zu scheuen, denn wir honorieren hier nur die vom Kunden erbrachte Leistung. Dies versteht sowohl der Kunde als auch der Außendienstmitarbeiter.

- Absatzfunktionsrabatt

Rabatt, der z.B. für das Abholen der Produkte, die Übernahme der Lagerhaltung und die Durchführung des Kundendienstes gewährt wird.

- Finanzierungsfunktionsrabatt

Wird gewährt z.B. für Voraus- oder Barzahlung. Ein typisches Beispiel für Finanzierungsrabatte ist das Skonto. Viele Firmen gewähren z.B. bei Beteiligung am Bankabbuchungsverfahren einen höheren Skontosatz als bei normaler Zahlung. Da dies ausschließlich den allgemeinen Geschäftsbedingungen und damit der Unternehmensleitung vorbehalten sein sollte, darf der Außendienst auf die Höhe dieses „Rabattes" keinerlei Einfluß nehmen. Wohl aber kann und wird er in seinem Verkaufsgespräch auch diese Möglichkeiten mit aufführen. Da in der Regel jedoch ein rascher Zahlungseingang erwünscht ist und eben durch diese Form des Rabattes beeinflußt wird, sollte diese Art der Erlösschmälerung sich auf die Entlohnung des Außendienstes nicht negativ auswirken. **Im Gegenteil: Eine Aktion „Beteiligung am Bankeinzugsverfahren" könnte z.B. sogar eine Prämie wert sein.**

• Mengenrabatt

Rabatt, der bei bestimmten Abnahmemengen gewährt wird. Dieser kann sich auf einen einzelnen Auftrag, auf den getätigten Umsatz eines Kunden oder auf den Lieferabschluß innerhalb einer bestimmten Periode beziehen.

• Naturalrabatt

Anstelle eines Barrabattes wird bei der Abnahme einer bestimmten Menge eines Produktes (z.B. 100 Tuben Zahnpasta) eine entsprechende Menge des gleichen Produktes (z.B. 10 Tuben Zahnpasta) kostenlos dazugegeben. Dies entspricht zwar auch einem „Rabatt" von 10%, hat für den Verkäufer aber den Vorteil, daß es sich für ihn und sein Unternehmen nur um die „Selbstkosten" handelt. Andererseits gehen ihm diese 10% vom nächsten Auftrag wieder ab, da der Kunde ja zehn Tuben mehr hat, als er eigentlich benötigt. In jedem Falle aber wirkt sich diese in der Praxis sehr häufig gehandhabte Rabattform eindeutig erlösschmälernd aus und muß bei unserem Entlohnungssystem entsprechend berücksichtigt werden.

• Treuerabatt

Rabatt, der dem Abnehmer gewährt wird, wenn er die Ware überwiegend bzw. ausschließlich über einen bestimmten Lieferanten bezieht. Durch die Gewährung von Treuerabatt sollen Konkurrenten gehindert werden, in bestehende Geschäftsbeziehungen einzudringen. Diese Rabattform läßt der Phantasie besonderen Spielraum und wird häufig auch dem Endverbraucher in Form von sogenannten „Treuemarken" o.ä. gewährt. (In diesem Fall handelt es sich dann allerdings um ein Marketinginstrument und ist dem Außendienstmitarbeiter nicht anzulasten!)

• Zeitrabatt

Dies ist eine Form des Rabatts, die dem Abnehmer gewährt wird, wenn er zu einem bestimmten Zeitpunkt Produkte bestellt oder abnimmt. Beispiele dafür sind Vorausbestellungen, Saison-, Einführungs- und Auslaufrabatte. **Doch Vorsicht!** Erinnern wir uns an unser Modell der progressiven Umsatzprovision. Hier wird häufig der Kunde dazu gebracht, Aufträge, die eigentlich schon fällig sind, in die nächste Abrechnungsperiode des Außendienstmitarbeiters zu „verschieben", damit dann in dieser Periode bereits für den entsprechenden „Sockel" gesorgt ist.

Fazit: Der erfahrene Außendienstmitarbeiter wird auf der Klaviatur der möglichen Rabattierungsvarianten virtuos spielen. Mitunter spielt er allerdings darauf so „virtuos", daß ihm selbst – und auch seiner Vertriebsleitung – recht bald der Überblick verlorengeht. Der Phantasie sind hier nämlich kaum Grenzen gesetzt. Es ist die Aufgabe der Außendienst- bzw. Vertriebs- oder Verkaufsleitung, hier notfalls steuernd einzugreifen.

Verlassen wir nun die schillernde Welt der Rabatte und wenden uns den etwas nüchterneren Kostenarten zu, die aber bei unseren Überlegungen nach einem optimalen Entlohnungssystem ebenfalls unbedingt Berücksichtigung finden müssen.

Kosten, die mit der Warenabgabe zusammenhängen

Auf diese Kostengruppe hat der Außendienstmitarbeiter nur teilweise Einfluß. Er kann natürlich nicht für Transportkosten allgemein oder z.B. für Verpackungskosten verantwortlich gemacht werden. **Wohl aber hat er einen Einfluß auf die Abnahmemoral seiner Kunden.**

Häufig kommt es z.B. in der Praxis vor, daß ein Verkäufer seinem Kunden zunächst eine bestimmte Menge eines Produktes verkauft und dafür den entsprechenden Mengenrabatt einräumt. So weit, so gut. Dies ist ja von der Verkaufsleitung vorkalkuliert und geht in die Kostenrechnung mit ein. Nun aber möchte der Kunde aus bestimmten Gründen (z.B. zu kurze Verfallzeit des Produktes, zu hohe Kapitalbindung u.ä.) oder auch einfach, weil er bei den Preisverhandlungen gepokert hat, die **Gesamtmenge nicht auf einmal abnehmen, sondern in kleineren Teilmengen.** Den einmal vereinbarten Mengenrabatt aber will er natürlich behalten.

In der Praxis führt dies dazu, daß die Verpackungs- und Transportkosten, die nun ja für die kleineren Teillieferungen entsprechend öfter anfallen und damit deutlich höhere Kosten verursachen, den Auftrag wesentlich teurer werden lassen, als dies zunächst ausgesehen hat.

Beispiel

Basis: Der normale Verkaufspreis für ein Produkt beträgt DM 50,– pro Stück.

Der Verkäufer erhält nun einen Auftrag über 100 Stück und gewährt dafür einen Mengenrabatt in Höhe von 15%. Der Auftragswert beträgt demnach DM 5.000,– minus 15% = DM 4.250,–. Das Stück kostet jetzt also nur noch DM 42,50. Die Kosten für die einmalige Auftragsabwicklung inkl. Verpackung und Versand belaufen sich auf DM 60,–.

Es bleiben also DM 4.250,– minus DM 60,– = DM 4.190,– (= DM 41,90 pro Packung). Dies entspricht einem tatsächlichen Rabatt von 16,2%.

Jetzt aber vereinbart unser Verkäufer mit seinem Kunden zehn Teillieferungen zu je zehn Stück, wobei der vereinbarte Preis bei DM 42,50 pro Packung bleibt. Jede dieser Teillieferungen verursacht nun Kosten für Verpackung, Auftragsabwicklung und Versand in Höhe von DM 50,–. D.h.: Es entstehen insgesamt Kosten in Höhe von 10 x DM 50,– = DM 500,– für diesen Auftrag.

Nun sieht die Rechnung so aus:

DM 4.250,– minus DM 500,– = DM 3.750,– (= DM 37,50 pro Packung)

Dies entspricht nun einem Rabatt von 25% anstelle der kalkulierten 15%!

Wir sehen also, daß auch die Kosten für die Warenabgabe vom Außendienstmitarbeiter recht deutlich mit beeinflußt werden können und sollten diese demzufolge in unserem deckungsbeitragsorientierten Entlohnungssystem entsprechend berücksichtigen.

Muster- und Werbekosten Außendienst

Diese Kosten sind mit am einfachsten zuzuordnen und werden wohl am wenigsten Anlaß zu Diskussionen geben. Natürlich wird sich der Mitarbeiter im Außendienst auf den Standpunkt stellen: „Was sein muß, muß sein".

Doch er wird sehr leicht davon zu überzeugen sein, daß hier Kosten entstehen, die bezahlt werden müssen, also vom Erlös abgehen und er dafür keine Provision erhalten kann.

Personalkosten Außendienst

Auch diese Kosten sind einfach zuzuordnen und transparent auf den einzelnen Mitarbeiter aufzugliedern. Es sind also keine größeren Diskussionen zu erwarten.

Sachkosten Außendienst

Diese Kosten sind in der Regel ohnehin über die monatliche Spesenabrechnung vom Außendienstmitarbeiter nachzuweisen, ihm also völlig transparent. Hier ist mit Akzeptanzproblemen seitens des Mitarbeiters also kaum zu rechnen. Wenn wir also diese dem Außendienst direkt zuordenbaren Kosten in unser Entlohnungssystem einbeziehen, erreichen wir, daß

- Erlösschmälerungen zu Lasten des variablen Einkommensanteils des Außendienstes gehen bzw.
- der Außendienstmitarbeiter umgekehrt für geringere Kosten (z.B. geringere Rabatte, sparsamerer bzw. gezielterer Umgang mit Mustern, ökonomischere Touren- bzw. Gesprächsplanung u.ä.) mit höheren Provisionen belohnt wird.

Die Deckungsbeitragsprovision bzw. auch Deckungsbeitragsrechnung für den Außendienst kann sich beziehen auf:

- Mitarbeiter
- Gebiet/Gruppe/Team
- Artikel/Artikelgruppe
- Kunde/Kundengruppe.

11.6 Gehaltszusatzleistungen

Prämien

Worin besteht der wesentliche Unterschied zwischen Provision und Prämie? Während die Provision sich an festen, für einen längeren Zeitraum vereinbarten Kenngrößen wie Umsatz, Deckungsbeitrag u.ä. orientiert, stellen Prämien kurzfristig in Aussicht gestellte Ergänzungen zu dem bestehenden Entlohnungssystem dar.

Prämien dienen dazu, kurzfristig realisierbare Leistungsanreize zu bieten. Es werden also kurzfristig realisierbare Ziele gesetzt, für deren Erreichen die entsprechende Prämie in Aussicht gestellt wird. Mit einer Prämie kann sehr rasch auf kurzfristig geänderte Zielsetzungen der Unternehmens- bzw. Vertriebsleitung reagiert werden. Dies kann z.B. dann erforderlich werden, wenn sich im Markt Veränderungen ergeben, die ein rasches Handeln erforderlich machen, oder wenn z.B. eine spontan geborene Idee (weil sie besonders gut ist) möglichst rasch realisiert werden soll.

Die Prämie ist das Mittel der Wahl, um den Außendienst kurzfristig für ganz bestimmte Aufgaben zu motivieren.

Eine Zwitterstellung nimmt hier die Belohnung der Zielerreichung ein. Diese kann sowohl jährlich in die Provision eingebaut als auch (besser) kurzfristig in Form einer Zielerreichungsprämie, z.B. viertel- oder halbjährlich, honoriert werden.

Der Phantasie bei der Prämienregelung sind kaum Grenzen gesetzt. Hier kann die Verkaufsleitung so richtig „alle Register" ziehen, um ihre Mitarbeiter zu besonderen Leistungen zu motivieren.

Auch hinsichtlich der Art der Entlohnung sind die Möglichkeiten höchst vielfältig: Es kann sich um Bargeld handeln oder auch um ein Punktesystem, welches sich zu einem Endziel oder einer Endsumme addiert. Es können Reisen oder sonstige Sachpreise in Aussicht gestellt werden u.a.m. Die Grenzen zwischen Prämien und Incentives (siehe später) sind hier ein wenig verwischt, im Endeffekt aber dienen sie demselben Zweck: „Streicheleinheiten".

Aber Vorsicht!

Zum Beispiel in Verbindung mit zusätzlichen Urlaubstagen (= Freizeit) kann eine solche Prämie zwar aus der Sicht der Verkaufsleitung zunächst besonders motivierend erscheinen. Dem Mitarbeiter im Außendienst geht diese Zeit jedoch wieder von seiner „Verkaufstätigkeit" ab. Damit geht ihm Umsatz, sprich Provision, verloren! Wenn also mit einer Prämie auch Freizeit verbunden ist, so muß diese unter allen Umständen auch bei der Provisionsregelung berücksichtigt werden, da sich sonst sehr rasch der gegenteilige Effekt einstellt: Demotivation.

Um das Prinzip der Prämie zu verdeutlichen, zeigen wir auch hier wieder einige Beispiele, die dazu dienen sollen, Ihnen Anregungen für Ihr individuelles Prämiensystem zu geben.

• Erfolgsprämie

Damit wird das Erreichen bzw. Überschreiten bestimmter Ziele honoriert.

• Prämie für Neukunden

Hier setzen wir zum Ziel, möglichst viele Neukunden zu gewinnen. Der Außendienstmitarbeiter erhält für jeden gewonnenen Neukunden eine bestimmten Prämie, wobei allerdings der Begriff „Neukunde" entsprechend klar und eindeutig definiert werden muß.

• Prämie für den besten Verkäufer

Mit einer solchen Prämie wird der beste Verkäufer einer Verkaufsperiode, eines Teams, eines Landes oder auch weltweit belohnt. Das hängt ganz von der Firmenstruktur und der Zielsetzung ab.

• Auftragsprämie

Bei der Auftragsprämie steht immer der einzelne Auftrag im Mittelpunkt. Es kann z.B. die Erhöhung der durchschnittlichen Auftragshöhe eines Mitarbeiters prämiert werden. Oder es wird der höchste Einzelauftrag innerhalb einer Periode oder auch je Mitarbeiter oder Team belohnt. Ebenso kann natürlich auch der höchste Auftrag eines bestimmten Produktes oder einer Produktgruppe mit einer entsprechenden Auftragsprämie versehen werden. Auch Kundengruppen können in den Mittelpunkt einer Auftragsprämie gesetzt werden.

Es könnte auch die Zielsetzung sein, eine Kundengruppe, die bisher etwas stiefmütterlich behandelt wurde, für einen bestimmten Zeitraum forciert zu besuchen, obwohl dabei mit geringeren Umsätzen zu rechnen ist als bei den „Altkunden". Dieser „Umsatzverlust" ist natürlich auch mit einem „Provisionsverlust" verbunden, der durch die in Aussicht gestellte Prämie wieder kompensiert werden kann.

• Produktprämie

Wenn z.B. ein neues oder auch ein umsatzschwaches Produkt besonders beworben werden soll, kann auch dafür eine Prämie in Aussicht gestellt werden. Dies ist eine Möglichkeit für Produktmanager, den Außendienst für ihre Ziele zu motivieren, ihr Produkt oder auch ihre Produktgruppe für einen bestimmten Zeitraum in den Mittelpunkt seiner Gesprächsaktivitäten zu setzen.

• Prämie für Sonderleistungen

Mitunter können auch Prämien für Leistungen bezahlt werden, die nicht zu den eigentlichen Aufgaben des Mitarbeiters im Außendienst zählen. Wenn er z.B. bestimmte Schulungen oder Beratungen für Kunden bzw.

Kundengruppen durchführt, die nicht zu seinem Verkaufsgebiet zählen, oder er an Veranstaltungen für die eigene Fort- und Weiterbildung teilnimmt, kann dies unter Umständen eine Prämie wert sein. Je nach Zielsetzung und Aufgaben- bzw. Arbeitsplatzbeschreibung.

• Inkassoprämie

Hier wird eine Prämie dafür ausgesetzt, daß das Zahlungsziel der Kunden und damit die durchschnittlichen Außenstände reduziert werden. Es könnte z.b. für jeden Kunden, der sich am Bankeinzugsverfahren beteiligt, eine Prämie in Aussicht gestellt werden.

• Teamprämie

Bei der Teamprämie besteht die Möglichkeit, die Leistung einer Gruppe von Mitarbeitern in ihrer Gesamtheit zu honorieren. Dies ist z.B. immer dann besonders sinnvoll, wenn nach dem Motto: „Getrennt marschieren, vereint schlagen" vorgegangen wird. Die Leistung des einzelnen ist hier nicht eindeutig zu beurteilen, ist auch nicht unbedingt Sinn der Sache. Das Gesamtergebnis ist wichtig.

Und jeder hat seinen Teil dazu beigetragen. Bei der Teamprämie haben wir z.B. auch die Möglichkeit, den beteiligten Innendienst mit zu berücksichtigen. Kaum ein anderes Instrument ist besser geeignet, das sogenannte „Wir sitzen alle in einem Boot"-Gefühl zu erzeugen. Jede Gruppe hat in kürzester Zeit das Gefühl: „Wir sind die Besten" oder „Wir wollen die Besten sein".

Eine ganz wesentliche Begleiterscheinung dieser Art von Prämie ist der sich meist automatisch und ohne Zutun der Firmen- bzw. Verkaufsleitung einstellende „Selbstreinigungseffekt". Getreu der alten, aber fast immer richtigen Weisheit: „Beim Geld hört die Freundschaft auf" wird die Gruppe sehr bald erkennen, wer seinen Anteil zu dem gemeinsamen Erfolg beiträgt und wer nicht.

Wir haben bei dieser Art der Prämierung sehr oft erlebt, wie rasch eine Gruppe zusammenfindet und auch schwächere Kollegen zu Höchstleistungen anspornt. Aber auch das Gegenteil haben wir erlebt: Die Gruppe ist zerbrochen. Dies aber sind gruppendynamische Zusammenhänge, über die man ein eigenes Buch schreiben könnte. Dennoch, oder besser gesagt, gerade deshalb erfreut sich die Teamprämie immer größerer Beliebtheit. Wohl aber auch deshalb, weil sie relativ einfach zu handhaben ist und die Zuordnung nicht allzu schwer fällt.

Vorteile von Prämien:

- Änderungen in der Unternehmenszielsetzung können kurzfristig und sehr gezielt in das Entlohnungssystem eingebaut werden.
- Es kann sehr rasch und flexibel z.B. auf Veränderungen im Markt reagiert werden.
- Es können die Interessen verschiedener Produkte bzw. Produktgruppen berücksichtigt und entsprechend ihrer Bedeutung sehr differenziert gewichtet werden.
- Es kann praktisch jede Art von „Mehrleistung" mit einer Prämie versehen werden.
- Insgesamt kann der Anreiz des Entlohnungssystems – um welches auch immer es sich handelt – deutlich gesteigert werden.
- Prämien sind im Prinzip auch bei Entlohnungssystemen möglich, die nur ein Fixum und keinen variablen Anteil kennen. Sie können u.U. hier sogar ein Einstieg in die Einführung eines variablen Gehaltsanteils sein.
- Prämien können sowohl einzelnen Mitarbeitern als auch Teams in Aussicht gestellt werden. Der Anreiz zu gemeinsamer Mehrleistung ist hier besonders hoch.

Nachteile von Prämien:

- Eben weil die Vorteile zunächst klar auf der Hand liegen und praktisch jede Zielsetzung mit der Aussetzung einer Prämie erleichtert werden kann, ist die Gefahr sehr groß, daß man es dabei rasch übertreibt.
- Es besteht die Gefahr, durch zu viele Ziele das eigentliche Ziel zu verwaschen. Der Außendienstmitarbeiter verliert den Überblick, er „sieht den Wald vor lauter Bäumen nicht mehr". Dies führt dazu, daß er sich nach eigenem Gutdünken die „Rosinen aus dem Kuchen pickt" und den Weg des geringsten Widerstandes geht.
- Wenn die Prämien interessanter sind als das eigentliche Entlohnungssystem, kann es zu dem Effekt führen, daß die eigentlichen Ziele und

Aufgaben zugunsten der kurzfristig in Aussicht gestellten Prämie vernachlässigt werden.

- Es kann sich ein Gewöhnungseffekt einstellen, aus dem sich ein Anspruchsdenken entwickelt. Die Folge davon ist, daß viele Mitarbeiter ohne Prämie nicht mehr zu Höchstleistungen bereit sind.
- Insbesondere bei Teamprämien kann es auch zu dem negativen Ergebnis führen, daß das Team zerbricht.

Beim Einsatz von Prämien gehört eine ganz gehörige Portion Fingerspitzengefühl seitens der Verkaufsleitung dazu, damit

- die Wünsche und Vorstellungen derjenigen, die ihre Ziele durchsetzen wollen (z.B. Produktmanager, Produktgruppenleiter, Marketingleiter u.a.), nicht ausufern;
- der Gewöhnungseffekt bei den Mitarbeitern nicht eintritt. Sonst besteht sehr bald die Gefahr, daß so mancher Mitarbeiter ohne Prämie kaum mehr bereit ist, überhaupt etwas zu tun.

Zu den direkt „meßbaren", geldwerten Gehaltsbestandteilen gesellen sich auch weniger leicht meßbare, jedoch ebenfalls wesentliche Bestandteile der Außendienst-"Entlohnung". Es sind dies die sogenannten „Streicheleinheiten".

Firmenwagen

Im Kapitel 9.2 „Entlohnung heute" haben wir die Fakten zum Thema Firmenwagen genannt, wie sie üblicherweise heute angetroffen werden. Neben den gängigen, bereits erwähnten Modalitäten (je höher das Einkommen bzw. die Position, desto höherwertiger und prestigeträchtiger ist auch das Firmenfahrzeug) wird häufig auch das dem „Homo sapiens aussendienensis" eigene Verhältnis zum Fahrzeug mit ganz subtilen Mitteln ausgenützt:

So wird z.B. bei einigen Unternehmen nicht – wie üblich – ein Firmenfahrzeug entsprechend der Position zur Verfügung gestellt, sondern es wird jedes Jahr, entsprechend dem Ergebnis des Mitarbeiters, neu festgelegt, welchen Wagen der Mitarbeiter „fahren darf". Der Erfolg des Mitarbeiters, wie auch immer er definiert ist, ist (auch für Außenstehende) am

Fahrzeug erkennbar. Während er z.B. nach einem erfolgreichen Jahr einen Mercedes E oder 5er-BMW fährt, muß er sich im nächsten Jahr unter Umständen mit einem Golf zufrieden geben, mit oder ohne Klimaanlage und Autotelefon.

Daneben kennen wir noch eine ganze Reihe von Gehaltszusatzleistungen, die unter dem Begriff Incentives zusammengefaßt werden

Incentives

Man versteht darunter auslösende Reize, die gezielt zur Verhaltensbeeinflussung eingesetzt werden können. Voraussetzung hierfür ist die Kenntnis von Motiven und Bedürfnissen der jeweiligen Personen, damit entsprechend wirksame Anreize bereitgestellt bzw. Anreizsysteme geschaffen werden können.

Zu unterscheiden ist zwischen materiellen (geldwerten) und nichtmateriellen (überwiegend auf sozialer Anerkennung basierenden) Anreizen.

Unter diesem Sammelbegriff werden praktisch sämtliche Varianten der „außertourlichen Belohnung" oder, wie wir sie genannt haben, „außertourlichen Streicheleinheiten" angetroffen. Diese reichen von der Einladung zum Essen bis zur Reise nach Fernost mit und ohne Ehegatten.

Während amerikanische Unternehmen ihre Mitarbeiter schon viele Jahre durch derartige Anreize mit großem Erfolg motivieren, setzen deutsche Firmen zusätzlich zu den bereits weitgehend üblichen Geld- und Sachprämien Incentives als Dankeschön und zur Motivation erst in den letzten Jahren zunehmend ein. Nach neuesten Expertenschätzungen werden mittlerweile allein für Reisen und Ausflüge (eine der beliebtesten Incentive-Möglichkeit) in Europa jährlich 1,8 Milliarden Mark ausgegeben!

12. Welche Gehaltskomponenten zu welchem Zweck?

 Bevor wir nun versuchen, aus den verschiedenen Bausteinen das jeweils optimale Entlohnungssystem zu entwickeln, wollen wir uns nochmals die derzeitige Situation vor Augen führen. Wie sieht die Außendienstentlohnung derzeit in Ihrem Unternehmen aus?

Entlohnungssystem im Außendienst	Bei uns ist das derzeit so: (Bitte nur Stichworte)
Nur Fixgehalt	
Auch variable Anteile	% fix : % variabel
Variable Anteile als Umsatzprovision	Linear Progressiv Degressiv
Variable Anteile als Deckungsbeitragsprovision	Wie weit geht diese in die Tiefe?
Sonstige variable Anteile (Prämien u.ä.)	

In der folgenden Zusammenstellung wollen wir nun die verschiedenen Entlohnungskomponenten nach dem Gesichtspunkt betrachten, welchem Ziel sie am ehesten gerecht werden und für wen die entsprechende Komponente am ehesten geeignet ist.

195

Gehalts-komponente	Bevorzugter Einsatzbereich	Anwendbar für
Nur Fixum	Immer dann, wenn kein „Druckverkauf" erwünscht ist. Es dient in erster Linie dem Sicherheitsbestreben des Mitarbeiters und ist dem Firmenimage zuträglich. Die Produkte sind eingeführt, der Verkäufer wirkt eher beratend, als daß er „echt verkaufen" muß.	Marktführer bzw. „Zweiter im Markt"
	Auch in der Anfangsphase (Einarbeitung) von neuen Mitarbeitern sinnvoll.	Alle Firmen in der Einarbeitungsphase
	Wenn neue Märkte erschlossen werden und noch keine Erfahrung hinsichtlich Potential oder Zielgruppen vorliegt.	Alle, auch „Newcomer"
Nur Provision	Immer dann, wenn ein eigener Außendienst mit entsprechendem Gehalt (inkl. Gehaltszusatz-kosten) nicht finanzierbar ist, aber die Produkte aktiv beworben werden müssen.	„Newcomer" ohne entsprechende Kapitaldecke
	Wenn Produkte eingeführt sind, ein eigener Außendienst jedoch nicht erwünscht ist oder sich nicht „rechnet".	Wenn Umsatzpoten-tial im Verhältnis zum Kundenpoten-tial zu gering ist
Lineare Umsatz-provision	Immer dann, wenn in erster Linie Umsatz erzielt werden soll. Sie bietet einen starken Leistungsanreiz und ist einfach zu handhaben. Leistung schlägt sich direkt im Einkommen nieder. Leistungsanreize sind undifferenziert	„Newcomer", insbe-sondere solche, die mit Gewalt Umsatz machen möchten
	Wenn ein überschaubares, nicht erklärungsbe-dürftiges Produktsortiment zu verkaufen ist und der Verhandlungsspielraum des Außendienstmit-arbeiters stark begrenzt ist	Firmen, die mit Massenartikeln Marktanteile ge-winnen möchten

Gehalts-komponente	Bevorzugter Einsatzbereich	Anwendbar für
Progressive Umsatz-provision	Immer dann, wenn wir gegenüber einer aktiven Konkurrenz neue Produkte möglichst rasch in den Markt bringen möchten. Der Leistungsanreiz gegenüber der linearen Umsatzprovision ist deutlich höher.	„Zweiter am Markt", aber auch „New-comer, evtl. auch Marktführer in be-stimmten Situatio-nen.
	Wenn wir um Marktanteile kämpfen bzw. diese zurückerobern müssen.	s.o.
	Wenn aus bestimmten Gründen Produkte schnell abgesetzt werden müssen (Abverkauf, Verfall, Überalterung, Ablösung).	s.o.
Degressive Umsatz-provision	Immer dann, wenn die Nachfrage stärker ist als die Produktionskapazität. Dies kann auch in neu erschlossenen Märkten der Fall sein, in denen die notwendige Infrastruktur (z.B. Servicenetz) noch nicht voll entwickelt ist.	Alle Firmen, die ins-gesamt oder teil-weise Probleme mit der Produktion bzw. Auslieferung ihrer Produkte haben
Deckungs-beitrags-provision	Immer dann, wenn der Gewinn im Vordergrund der Überlegung steht, ist diese Form der Provi-sion angebracht. Dies wird wohl bei den meisten Unternehmen grundsätzlich der Fall sein, aber es müssen unbedingt auch die notwendigen organi-satorischen Voraussetzungen geschaffen werden.	Alle Firmen, die die notwendigen orga-nisatorischen Vor-aussetzungen dafür haben
Prämien	Immer dann, wenn kurzfristig Sonderleistungen gefragt sind	Alle Firmen
Zusatz-leistungen	Immer dann, wenn bestimmte Leistungen mit einem „Sonderbonus" versehen werden bzw. nach außen sichtbar gemacht werden sollen.	Alle Firmen, insbe-sondere diejenigen, die ein relativ gerin-ges Fixum bezahlen und dieses Defizit durch „außerge-wöhnliche Leistun-gen" ausgleichen
	Wenn besondere, „außertourliche Streichel-einheiten" verteilt werden sollen oder müssen, um die Leistungsmotivation anzuheben.	

13. Was ist bei der Einführung eines neuen Entlohnungssystems zu beachten?

Wir haben uns nun mit den verschiedenen Möglichkeiten der Entlohnung im Außendienst beschäftigt, die verschiedenen Varianten aus unterschiedlichen Blickwinkeln betrachtet und die Vor- und Nachteile der einzelnen Faktoren möglichst objektiv dargestellt. Wir haben uns überlegt, welche Ziele mit welchen Mitteln am ehesten zu erreichen sind und welche Mitarbeiter wir am besten wie motivieren können.

Sollten Sie dabei zu dem Ergebnis gekommen sein: „Ein neues Entlohnungssystem muß her", dann sollten Sie die Realisierung möglichst bald in Angriff nehmen, denn sie benötigt einige Zeit! Wir empfehlen Ihnen, dabei schrittweise vorzugehen. Die folgende Zusammenfassung soll Ihnen dabei behilflich sein.

Überstürzen Sie nichts! Ein Entlohnungssystem sollte gut überlegt sein und möglichst lange Bestand haben. Die Vorbereitungszeit dafür kann durchaus zwei bis drei Jahre in Anspruch nehmen!

13.1 Ist-Situation/Bestandsaufnahme

Zunächst ist eine möglichst eindeutige, selbstkritische Analyse der Infrastruktur erforderlich. Folgende Fragen sind zu klären:

- Wie sieht meine derzeitige Situation/Position im Markt aus?
- Wo sind meine Stärken bzw. Schwächen?
- Wie sieht das derzeitige Entlohnungssystem aus?
- Wo entspricht es meinen Vorstellungen bzw. Erwartungen und wo nicht?
- Werden die Produkte bzw. Produktgruppen entsprechend berücksichtigt?
- Werden die Kunden bzw. Kundengruppen ihrer Bedeutung nach gewichtet?

- Wird der Deckungsbeitrag der einzelnen Produkte bzw. auch Kunden berücksichtigt?
- Sind die Kosten im Verhältnis zum Umsatz tragbar?
- Bin ich mit der Leistung bzw. dem Gesamtniveau meines Außendienstes zufrieden?
- Bestehen Spannungen zwischen Außen- und Innendienst?
- Wie sieht es mit dem Image meines Unternehmens aus?

Und: Sind die Voraussetzungen (EDV, Berichtswesen u.ä.) gegeben, um den Ansprüchen des neuen Entlohnungssystems gerecht zu werden? Falls nicht, müssen diese zuvor unbedingt geschaffen werden!

13.2 Wo will ich hin?/Ziele

Wenn wir uns über die derzeitige Situation im klaren sind, müssen wir eine ebenso klare Vorstellung davon entwickeln, welches unsere Ziele sind:

- Sollen die Kosten reduziert werden und wenn ja, wo?
- Soll die Marktposition des Unternehmens stärker werden oder nicht?
- Sind Veränderungen in der Sortimentsstruktur erforderlich?
- Steht der Umsatz oder der Gewinn im Vordergrund oder beides?
- Was muß hinsichtlich der Kundenstruktur verändert werden?
- Müssen Maßnahmen zur Imageverbesserung ergriffen werden?
- Muß die Qualität meines Außendienstes verbessert werden?

13.3 Ablauf bei der Einführung eines neuen Entlohnungssystems

Vorbereitung

Wenn wir unsere Ziele formuliert und Verbesserungsansätze gefunden haben, sind einige wesentliche Faktoren unbedingt zu berücksichtigen, damit das neue Entlohnungssystem nicht von Anfang an zum Scheitern verurteilt ist:

- klare Definition des Entlohnungssystems unter Berücksichtigung sämtlicher firmeninternen Gegebenheiten
- möglicherweise Einbeziehung „externer Berater", da diese
  - firmeninterne Probleme neutraler sehen
  - möglicherweise zusätzliche Anregungen geben können
  - meist eher Akzeptanz finden
- Einbeziehung möglichst vieler kompetenter Personen bei der Entscheidungsfindung, auch wenn dies z.T. nur „Kosmetik" sein sollte
- unbedingt auch den Außendienst in die Entscheidungsfindung mit einbeziehen
- ggf. auch frühzeitige Einbeziehung des Betriebsrates
- Berücksichtigung einer Übergangsregelung (Besitzstand wahren).

Einführung des Entlohnungssystems im Außendienst

Ist die Vorbereitung abgeschlossen, das Entlohnungssystem entwickelt, auf „Herz und Nieren" überprüft und entsprechend dokumentiert worden (und sind auch sämtliche betriebsinternen Voraussetzungen geschaffen, um die notwendigen Daten besorgen, verarbeiten und entsprechend aufbereiten zu können), dann muß das Entlohnungssystem vorgestellt und eingeführt werden.

Auch das sollte gut vorbereitet und entsprechend inszeniert werden! Es handelt sich hierbei immerhin um einen eventuell gravierenden Einschnitt in langjährige Gewohnheiten, der noch dazu den sensibelsten Nerv des Außendienstes trifft: sein Einkommen.

Das Entlohnungssystem sollte in jedem Falle

- vom Betriebsrat genehmigt sein,
- vom Außendienst im Vorfeld in den Grundzügen akzeptiert worden sein,
- möglichst detailliert ausgearbeitet und verständlich formuliert sein,
- **rechtzeitig präsentiert werden** (einige Monate, vielleicht sogar ein Jahr vor der endgültigen Einführung!),
- nach der Präsentation nicht mehr diskutiert bzw. geändert werden.

Inhalte des Entlohnungssystems

Erinnern wir uns, was wir zuvor bei dem Thema „Vertrag" gesagt haben: „Je klarer und differenzierter ein Vertrag auf die spezifischen Belange und Ziele zugeschnitten ist, desto eindeutiger ist auch seine Absicht, und desto leichter fällt die Klärung eventueller Meinungsverschiedenheiten."

Auch das neue Entlohnungssystem ist ein **Vertrag.** Ein Vertrag, den wir mit unseren Mitarbeitern schließen, und zwar zu dem wichtigsten Thema: **deren** Entlohnung.

Obwohl wir wissen, daß es das „ideale, allgemeingültige Entlohnungssystem" nicht gibt, wollen wir Ihnen doch auf den nächsten Seiten ein Beispielentlohnungssystem modellieren, um Ihnen Anregungen zu geben für Ihr eigenes, individuelles und damit für Sie ideales Entlohnungssystem.

14. Das Beispielentlohnungssystem

14.1 Inhalte

Neben der Definition, welche Mitarbeiter von dem neuen Entlohnungssystem betroffen sind (z.B. „Verkäufer" oder „Fachberater" oder einfach „Mitarbeiter im Außendienst"), sollte eine übersichtliche Gliederung der Inhalte in Form eines Inhaltsverzeichnisses (bitte mit Seitenangabe!) dem Leser das Auffinden der verschiedenen Positionen erleichtern.

Anmerkungen:

14.2 Ziele

Hier sollte kurz auf die Ziele des neuen Entlohnungssystems eingegangen werden. Es sollten klar auch die Vorstellungen der Unternehmens- bzw. Vertriebsleitung definiert werden. In unserem Modellbeispiel könnte dies etwa wie folgt aussehen:

Die bisher praktizierte Entlohnung „nur Fixgehalt" wird zukünftig einen **fixen** und einen **variablen** Gehaltsanteil aufweisen. Folgende Kriterien sind wesentliche Bestandteile:

• höherer Leistungsanreiz für die Mitarbeiter
• ertragsorientierte Ausrichtung
• Honorierung des Erreichens von Zielvereinbarungen

- Honorierung der gezielten Bewerbung einzelner Produkte bzw. Produktgruppen
- zusätzliche Anreize in der Leistungsspitze
- System transparent und unproblematisch in der Abwicklung
- Einkommen durch den Mitarbeiter wesentlich direkter beeinflußbar als bisher.

Anmerkungen:

14.3 Einkommensbestandteile

Zunächst sollten wir einen kurzen Überblick über die Zusammensetzung der neuen Gehälter geben. Abrechnungszeiträume, ab wann und für wen das Modell gültig ist, und ein Hinweis auf eventuelle Übergangsregelungen sollten definiert werden.

Beispiel:

- Das neue Entlohnungssystem für Mitarbeiter im Außendienst tritt zum 01.01.19XX in Kraft und setzt bisherige Entlohnungsvereinbarungen außer Kraft.
- Die Entlohnung besteht aus einem Fixgehalt (feste Bezüge) und einem variablen Gehaltsanteil, der sich aus mehreren Komponenten zusammensetzt.
- Wahlweise kann von einer Übergangsregelung Gebrauch gemacht werden, die unter Punkt „Übergangsregelung" noch genauer beschrieben wird.
- Das Gesamteinkommen setzt sich wie folgt zusammen:

Einkommensbestandteile	Abrechnungs-zeitraum
Fixgehalt (Sofern sich das Fixgehalt durch die Einführung des neuen Entlohnungssystems ändert, muß dies klar, eindeutig und nachvollziehbar definiert werden!): Fixgehalt derzeit im Vergleich zu Fixgehalt nach Einführung, als Teil des neuen Entlohnungssystems (fix + variabel = Gesamteinkommen)	Monat bzw. Urlaubs- u. Weihnachtsgeld, Mitarbeitervergütung u.ä.
Variable Gehaltsanteile	
Hauptbestandteil (Es können eine oder mehrere Komponenten definiert werden, die fester Hauptbestandteil des neuen Entlohnungssystems sind, wie z.B.: Provisionen, evtl. unterschieden nach Kunden- oder Produktgruppen u.ä.)	Monat
Nebenbestandteil (z.B. leistungsbezogene **Prämien** für z.B. Zielerreichung u.ä., die jedoch **permanenter Bestandteil** des Gesamteinkommens sind)	Jahr/Halbjahr
Zusatzbestandteile (z.B. **Aktionsprämien** o.ä., die fallweise vereinbart werden und **nicht permanenter Bestandteil** des Gesamteinkommens sind)	Nach Bedarf

Nach diesem allgemeinen Überblick müssen die Einkommensbestandteile detailliert und nachvollziehbar aufgeführt und beschrieben werden.

Anmerkungen:

14.4 Fixgehalt

Da sich das Fixgehalt durch den Übergang auf das neue Entlohnungssystem neu errechnet, muß hier zunächst erläutert werden, wie sich

- das neue Fixgehalt errechnet (es wird weniger) und wie sich
- das Gesamteinkommen zusammensetzt (Besitzstandswahrung!).

Beispiel:

Einkommensbestandteil	Kommentar
Gesamteinkommen Vorjahr	Sämtliche Leistungen, die der Mitarbeiter im Jahr vor der Einführung des neuen Entlohnungssystems bezogen hat.
./. Sonderzahlungen Vorjahr	Sämtliche Sonderzahlungen wie z.B. Weihnachts- und Urlaubsgeld, Mitarbeitervergütung u.ä. Diese Sonderzahlungen werden auf Grund des neuen Fixgehaltes neu festgelegt.
./. Theoretische Höhe des variablen Anteils, bezogen auf die Vorjahresleistung	Dabei wird das neue System auf die Vorjahresergebnisse umgerechnet und die dabei errechneten Provisionen bzw. Prämien werden in Abzug gebracht.
= Fixgehalt Vorjahr	Dieses Gehalt ist nun das Basisgehalt für das neue Fixum des Mitarbeiters.
+ evtl. Tariferhöhung laufendes Jahr	Sofern sich für das laufende Jahr durch Tariferhöhungen oder sonstige betriebliche Vereinbarungen die Gehälter aller Mitarbeiter erhöhen, wird dieser Faktor auch dem „Fixgehalt Vorjahr" zugeschlagen.
= Fixgehalt neu	Dieses neue Fixgehalt ist nun die Berechnungsbasis für künftige Gehaltssonderzahlungen und auch für künftige Gehaltserhöhungen im Rahmen von z.B. Tarif- oder betrieblichen Vereinbarungen.

Anmerkungen:

14.5 Variable Gehaltsbestandteile

Provision (ergebnisorientiert)

Hier können wir z.B. unterscheiden zwischen Produkten aus eigener Produktion, bei denen der Deckungsbeitrag II als Basis für die Provision herangezogen wird, und Handelsprodukten, bei denen z.B. unser Modell „Rabattstaffel" zum Einsatz kommen könnte, um das „Rabattproblem" in den Griff zu bekommen.

Beispiel 1: Produkte aus Eigenproduktion

Bruttoumsatz
./. Erlösschmälerungen (Rabatte, Boni, Skonti u.ä.)
= Nettoumsatz
./. variable Kosten (Herstellkosten / Wareneinsatz)
= Deckungsbeitrag I
./. Direkt zuordenbare Kosten* (AD / Gebiet / Team)
= Deckungsbeitrag II (Gebietsergebnis / Teamergebnis)

*Die Kosten müssen definiert werden (siehe Kapitel „Kosten").

Die Provision für den erzielten Deckungsbeitrag II ermittelt sich aus folgender Tabelle:

Erzielter DB II (TDM)	Provision (%)
0 bis 100 (Provisionsfreier Sockelbetrag)	0
101 bis 200	2
201 bis 300	3
301 bis 400	4
401 bis 450	5
über 450	8

Anmerkungen:

Beispiel 2: Handelsware

Der mit der jeweiligen Produktgruppe erzielte Bruttoumsatz (Listen-preis) wird als Berechnungsgrundlage für die Provision herangezogen. Der Provisionssatz richtet sich nach dem gewährten Rabatt gemäß nach-folgender Tabelle.

Gewährter Rabatt	Provisionssatz Produktgruppe A	Provisionssatz Produktgruppe B	Provisionssatz Produktgruppe C
Kein Rabatt (Listenpreis)	6 %	5 %	8%
1% bis 4%	5 %	4 %	7%
5% bis 9%	4 %	3 %	6%
10% bis 14%	3 %	2 %	5%
15% bis 19%	2 %	1 %	3%
20% bis 25%	1 %	0 %	1%

Die Abrechnung der erzielten Provision erfolgt monatlich. Etwaige Monats-überschneidungen (positiv wie negativ) werden im Folgemonat verrechnet.

Anmerkungen:

207

Poolprovision

Auch gebietsüberschreitende Umsätze sollten honoriert und deren Honorierung klar definiert werden. Wir verweisen hier auf das Kapitel „Pool-Umsatzprovision".

Anmerkungen:

Prämien

Für bestimmte, besonders wichtige Ziele können neben der normalen Provision auch Prämien Gehaltsbestandteile bilden. Sind diese permanenter Natur, so müssen sie hier definiert werden.

Beispiel 1: Umsatzanteil wichtiger Produkt-/Kundengruppen

Eine bestimmte Produkt- oder auch Kundengruppe genießt im Unternehmen einen besonders hohen Stellenwert, weil sie z.B. dem Image des Unternehmens besonders nützlich ist. In diesem Falle könnte es z.B. unser Ziel sein, den prozentualen Anteil dieser Produkte bzw. Kunden am Gesamtumsatz zu halten bzw. zu erhöhen, unter Umständen sogar ungeachtet des Deckungsbeitrages. Dies könnte etwa wie folgt aussehen:

Der prozentuale Anteil der Kundengruppe A am Gesamtumsatz ist für unser Unternehmen besonders wichtig, da diese Meinungsbildner sind. Deshalb wird für den Anteil am Gesamtumsatz des Gebietes eine Prämie ausbezahlt, die sich aus der nachfolgenden Tabelle ergibt. **Negativbeträge** gemäß dieser Tabelle werden mit der Provision am Jahresende verrechnet, vermindern also die Provision.

208

	Umsatzanteil in % vom Gesamtumsatz	Prämie in DM pro Jahr
Schlechter als Ziel bzw. Vorjahr	10	- 1.500,–
	11	- 1.000,–
	12	- 500,–
	13	0
	14	1.000,–
Ziel-/Vorjahreswert	15	2.000,–
Besser als Ziel bzw. Vorjahr	16	3.000,–
	17	4.000,–
	18	5.000,–
	19	6.000,–
	20	7.000,–

Anmerkungen:

Beipiel 2: Zielerreichung

Auch die jährliche/halbjährliche Zielerreichung kann uns eine Prämie wert sein. Dabei kann das Ziel gesamtumsatz-, gesamtdeckungsbeitrags-, produkt- oder kundenbezogen sein. Dies muß jedoch klar und eindeutig definiert sein! Im folgenden Beispiel gehen wir davon aus, daß der Gesamtumsatz des Gebietes die Basis für die Zielvereinbarung war. Dies könnte dann etwa so aussehen:

Für die Erreichung bzw. Über- oder Unterschreitung des vereinbarten Gesamtumsatzes gilt die Prämienregelung gemäß nachfolgender Tabelle. Die Prämie wird jährlich ausbezahlt.

Negativbeträge gemäß der nachfolgenden Tabelle werden mit der Provision am Jahresende verrechnet, vermindern also die Provision.

	Umsatzanteil in % von Zielvereinbarung	Prämie in DM pro Jahr
Schlechter als Ziel bzw. Vorjahr	unter 90	- 300,– je %
	91–95	500,–
	96–99	1.000,–
Ziel-/Vorjahreswert	15	2.000,–
Besser als Ziel bzw. Vorjahr	101–105	3.000,–
	106–110	4.000,–
	111–115	5.000,–
	über 115	300,– je %

Anmerkungen:

14.6 Zusatzbestandteile

Je nach aktueller Situation können hier zusätzlich sämtliche Register gezogen werden, die wir im Kapitel „Gehaltszusatzleistungen" beschrieben haben. Die Möglichkeiten reichen von den verschiedenen Prämienarten bis hin zu Incentives. Auch diese Einkommensvariante sollte jedoch in unserem Entlohnungsmodell enthalten und formuliert sein, damit unsere Mitarbeiter darüber informiert sind.

Dies könnte z.B. so aussehen: Situationsbezogen können befristet angeordnete Aktivitäten mit Sonderprämien ausgestattet sein. Diese werden nach Entscheidung der Geschäftsleitung jeweils festgelegt und sind als ergänzender, nicht jedoch permanenter Anteil am Einkommen zu verstehen. Es können maximal drei Aktionen pro Jahr und Mitarbeiter festgelegt werden. Ein Rechtsanspruch auf den Einsatz von Zusatz- oder Sonderprämien besteht nicht.

> Anmerkungen:

14.7 Übergangsregelung

Es kann sinnvoll sein, für die Zeit „bis zur uneingeschränkten Einführung des neuen Entlohnungssystems" eine Übergangsregelung zu schaffen. Diese dient dazu,

- den Übergang harmonischer zu gestalten,
- höhere Akzeptanz zu erzielen,
- Besitzstände für eine bestimmten Zeit zu wahren,
- Unruhe zu vermeiden,
- Härtefällen vorzubeugen.

Eine solche Übergangsregelung könnte z.B. vorsehen, dem betroffenen Mitarbeiter die Wahlmöglichkeit zu geben, für sich persönlich

- die Wirksamkeit des neuen Entlohnungssystems für einen bestimmten Zeitraum (z.B. ein Jahr) rückwirkend vorzuziehen, weil er sich finanziell dabei besser stellen würde und bereits rückwirkend davon profitieren möchte (Vorteil: „Vorreiter" sind vorhanden), oder
- ab sofort oder
- erst ab dem Zeitpunkt der endgültigen Einführung wirksam werden zu lassen.

14.8 Sonstiges

Anmerkungen:

Hier sollten sämtliche Sonderregelungen bzw. Sonderfälle klar definiert werden, die wir in unserem Entlohnungssystem nicht erfaßt haben, welche jedoch für unsere spezifischen Belange wichtig sind. Es sind dies z.B.:

- Provisions- bzw. Prämiengarantie
  - für die Übergangsphase (Besitzstandswahrung, Vermeidung von Härtefällen)
  - für neue Mitarbeiter über einen gewissen Zeitraum (Einarbeitungszeit)
  - monatliche Vorschüsse auf jährlich abzurechnende Einkommensbestandteile (Diese werden am Jahresende gegenverrechnet.)
- Auswirkungen von z.B. Forderungsausfällen oder Kaufrücktritten auf die Provision
- Teamprämien, ggf. Einbeziehung des Innendienstes
- Gültigkeitsdauer bzw. früheste Änderungsmöglichkeit des Entlohnungssystems
- ggf. Provisionsregelung für Untervertreter o.ä.

Anmerkungen:

15. Kurzes Nachwort

Selbst das beste Entlohnungssystem kann kurzfristig keine Wirkung zeigen! Wir müssen, ebenso wie bei der Vorbereitung, auch bei der Wirkung die nötige Geduld aufbringen.

Das neue Entlohnungssystem braucht seine Zeit, bis es den gewünschten Erfolg bringt!

Wenn Sie jedoch sämtliche Faktoren berücksichtigt haben, die für die individuelle Situation Ihres Unternehmens und Ihre persönliche Zielsetzung relevant sind, dann stellt sich der gewünschte Erfolg mit Sicherheit ein!

Treffender als mit den folgenden Worten kann man diese Situation wohl kaum beschreiben:

„O Herr, gib mir
die Kraft zu ändern, was ich ändern kann,
die Gelassenheit, hinzunehmen was nicht zu ändern ist
und die Weisheit, das eine vom anderen zu unterscheiden!"

Literaturhinweise

Fink, Dietmar H.   Entlohnungssysteme im Investitionsgütermarketing, Marburg 1993

Hagemann, Gisela   Die Hohe Schule der Motivation, Landsberg/Lech 1992

Kerler, Richard   Kennen Sie Herzberg? Managementklassikern auf der Spur, Landsberg/Lech 1992

Koinecke, Jürgen   Neue Wege der Entlohnung von Außendienstmitarbeitern und Vertriebsführungskräften, München 1991

Martus, Rainer   Führungsleitsätze entwickeln, einführen, umsetzen, Landsberg/Lech 1993

Scanlan, Burt K.   Erfolgreiche Mitarbeitermotivation, Landsberg/Lech 1990

Sprenger, Reinhard K.   Mythos Motivation. Wege aus einer Sackgasse, Frankfurt/Main; New York 1992

Wolff, Georg   Führung 2000: Höhere Leistung durch Kooperation, Wiesbaden 1987

Walter, Henry   Mobbing: Kleinkrieg am Arbeitsplatz, Frankfurt/Main; New York 1993

Stichwortverzeichnis

215

Zusehend erfolgreicher:

----- ▶▶ **MANAGEMENT BY**
VIDEO

DAS ERFOLGREICHE MEETING
Vera F. Birkenbihl

Rhetorik
VHS, ca. 60 Min.
248,– DM
▼

Das erfolgreiche Meeting
VHS, ca. 60 Min. 248,– DM

▶
Train the Trainer
VHS, 72 Min. 248,– DM

Ihr Weg zur Nr. 1 im Markt
VHS, ca. 60 Min. 248,– DM

▶
Mitarbeiter motivieren und begeistern
VHS, ca. 60 Min. 248,– DM

Mehr Zeit für das Wesentliche
VHS, ca. 70 Min. 248,– DM

Fragen Sie Ihren Fachbuchhändler danach!

verlag moderne industrie

So schaffen Ihre Verkäufer mehr als die Konkurrenz

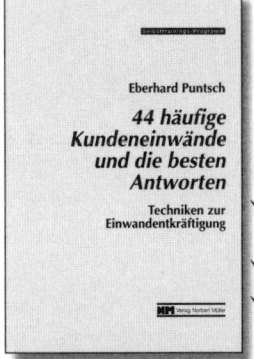

Was antworten Ihre Verkäufer wenn Kunden „Nein" sagen?

Es sind die Einwände des Kunden, die das Verkaufsgespräch für jeden Verkäufer zur Herausforderung machen! Seine Reaktion entscheidet über Erfolg oder Mißerfolg.

Trainieren Sie Ihre Verkäufer jetzt in der Einwandentkräftung, daß Sie

- durch geschickte Antworten Kundeneinwände überwinden
- die häufigsten Kundeneinwände kennen
- auch in angespannten Situationen immer richtig reagieren

77 Seiten beste Überzeugungskraft

Das Training gibt Ihren Verkäufern Sicherheit und verringert die Gefahr, mit Einwänden konfrontiert zu werden, auf die sie nichts zu sagen wissen.
Damit Ihre Verkäufer nicht blaß aussehen, bestellen Sie für jeden ein Exemplar.
Preis DM 80,- (+ MwSt/Versand). Interessante Staffelpreise auf Anfrage!

Der beste Außendienst ist nichts wert, wenn die Zusammenarbeit mit dem Innendienst nicht klappt!

Leidet Ihre Vertriebseffizienz auch unter der mangelnden Kooperation zwischen Außendienst und Innendienst? Dann sind diese 50 Schritte garantiert der richtige Weg für Sie! Trimmen Sie Ihre Verkaufsmannschaft durch

- ein gemeinsames effektiveres Kundenbearbeitungsprogramm
- ein teilvariables Entlohnungssystem für den Verkaufs-Innendienst
- Motivationsmaßnahmen zur Teambildung zwischen Außen- und Innendienst

121 Seiten optimale Vertriebseffizienz

Ein Total-Check-Programm ist Ihr Fahrplan für die Umsetzung der Arbeitsschritte in die Praxis. Zögern Sie nicht, und bestellen Sie Ihr Exemplar.
Preis DM 125,- (+ MwSt/Versand). Interessante Staffelpreise auf Anfrage!

Bestellen Sie telefonisch bei Fr. Lienhard: 089/35093-207
oder rund um die Uhr per Fax: *089/35093-218*

 Verlag Norbert Müller AG & Co. KG, Ingolstädter Str. 20, 80807 München